中国当代美学家文论家评传

王岳川　主编

声律第三十三

為文須論声律。其説始于魏晋之际。而遺文粲然可見者。惟士衡文賦数言。其言曰。暨音声之迭代。若五色之相宣。雖逝止之無常。固錡崎而难便。苟达变而識次。猶開流以納泉。如失机而后会。恒操末以續顛。謬玄黄之秩叙。故淟涊而不鮮。齊陸厥與沈約書云自魏文属論深以清浊為言刘楨奏書大明体勢之致是韓卿以声律之説宜祖曾刘典論論文但云气之清浊有体非謂音

中国当代美学家文论家评传

王岳川　主编

王元化评传

王丽丽◎著

黄山书社

图书在版编目(CIP)数据

王元化评传/王丽丽著.—合肥:黄山书社,2016.8
(中国当代美学家文论家评传)
ISBN 978-7-5461-5538-8

Ⅰ.①王… Ⅱ.①王… Ⅲ.①王元化(1920—2008)-评传
Ⅳ.①K825.6

中国版本图书馆CIP数据核字(2016)第089781号

王元化评传
WANGYUANHUAPINGZHUAN
王丽丽 著

策　　划　汤吟菲　朱莉莉
责任编辑　张向奎　代立媛
装帧设计　未　氓
出版发行　时代出版传媒股份有限公司(http://www.press-mart.com)
　　　　　黄山书社(http://www.hspress.cn)
地址邮编　安徽省合肥市蜀山区翡翠路1118号出版传媒广场7层 230071
印　　刷　安徽国文彩印有限公司
版　　次　2016年8月第1版
印　　次　2016年8月第1次印刷
开　　本　700mm×1000mm　1/16
字　　数　186千
印　　张　14.25
书　　号　ISBN 978-7-5461-5538-8
定　　价　46.00元

服务热线　0551-63533706
销售热线　0551-63533761
官方直营书店(http://hsssbook.taobao.com)

总　序

近百年来,中国美学文论学在西方现代性与后现代性的不断扩张中,艰难地生产着自己的文化和美学新思维,在欧风美雨中不断吐纳吸收的同时变更着自己的美学文艺学立场。然而,当美学和文论边界不断扩大化的时候,中国美学文论身份却出现了辨识上的危机。中国美学家文论家的集团没有形成,甚至可以说在长达一个世纪之内,学者们在一个一个地细读、消化、评论西方美学家文论家,却没有看到中国美学文论界整体性地对中国百年来的美学家文论家加以整体研究的著作。

尤为严重的是,中国美学界文论界在对整个西方美学界文论界加以研究的时候,已经从宏观研究进入到微观研究层面,对西方古典美学家文论家、西方近现代美学家文论家、西方后现代美学家文论家的研究著作已多不胜数,而整个西方对中国美学家文论家的了解和研究却几乎是空白。这种文化美学上的不对等性,导致中西美学界文论界产生了巨额的“文化赤字”。这种“文化赤字”可能引发的“文化战争”危险,迄今仍然没有引起学术界的高度重视。

一、中国美学家文论家需在国际话语中重建身份

作为大国崛起的中国,其当代美学文论的前沿话语是同整个世界前沿话语相连的。中国面对世界,世界不可能背对中国。东方大国的美学文艺学在失去自我身份后亟需重新反省并获得自我身份:在经历了一个世纪的西化浪潮之后重新检讨中国美学的精神价值取向,从全盘西化的美学文论研究的盲视中走出来,重新以“走近经典”的文化高度和精神厚度,审视中西文化深层对话时代中的中国美学文论身份;从西方美学文论的中国化到中国美学文论经验的世界化的转型中,关注文化创新与文学理论创新的同步性,进而守正创新——“走近经典”并“创新经典”。

不同的价值立场使得在全球范围内出现了文化宗教层面的反全球化的多元文化主义潮流。多元文化伴随着人类历史而发展:中国文化传统、希腊

文化传统、希伯来文化传统、阿拉伯伊斯兰文化传统、非洲文化传统等多种文化不断消长,此起彼伏地影响着人类社会的进程。整体性现代社会正在发生大分裂,世界正在走向新的多元化、多样化。

当代西方文论的全球扩张,深层原因是西方现代性与后现代性的全球播撒。现代性使当代西方艺术具有了文化霸权的话语平台。现代性与科技发明和殖民主义相关,短短200年就使得西方成为世界霸主。但反过来,现代性也让西方和世界深受其害。因为在现代性发展和大国崛起的几百年历史中,世界告别了“王道”而成就了“霸道”,最终导致两次世界大战并走近第三次世界大战的边缘。于是审美现代性、后现代性开始放弃价值升华的追求,现代艺术家开始感受世界堕落般的“恶心”。艺术家堕入了虚无主义、悲观主义和文化失败主义的泥潭,对人类后殖民未来充满了悲观意绪。

西方乘着全球化的翅膀开始了文化霸权的飞翔。霸权是一种在文化领域中争夺“领导权”或“控制权”的话语,将历史上属于某个阶级的意识形态扩张化,使之成为人类对西方话语权力的普遍认同。于是,话语权力不是作为强权而是作为权威而得到行施,人们的精神文化生活在不知不觉中被政治化。人类在价值崩溃中彻底地世俗化,人类精神生态失衡已经习焉不察地成为意识形态符码。

当然,在一个相互交织并消解冷战思维模式的共存时代,如果没有西方“他者”的“镜像”,我们就无法清晰地审视中国文化的“自我”。通过文化镜像深度的自我审视,将有助于把东西方文化的对抗转化为不同文化体制的创造性互动,从而使本土性真正与全球性获得整合,使中国文论创新在不断明晰丰富和深度拓展中,推进“中国形象”的立场定位。

二、从西方文论中国化到中国文论经验的世界化

全球化格局下的文学理论以建构多元多样性诗学为己任，这种多元文化观将使“汉语学界”突破西方文论的单一知识框架，重新审视东方文学传统中的文化理念和文学观念，关注中国文学在新的世界格局中的现代性诗学特征，并通过对差异性文化精神的体认，获得更为宽松多元的文化差异性结论。

事实上，在文化美学领域中国际惯例不是西方惯例，游戏规则不应该由西方单边建立；国际惯例是世界共同创造的，游戏规则是东西方共同建立的。中国美学文论应该参与到建立游戏规则的过程中去，而不能“他者”建立了规则，东方大国仅仅去遵守。只有这样，当代理论家才能不在传统和现代之间徘徊犹豫，才能不用再按照西方模式亦步亦趋，而是摆脱了模仿西方的兴趣，打破西方艺术的惯例，开始以自己的方式在精神生态中寻找中国式的文论光辉和美学神采。

当代中国美学文论流派原创、范畴创新、体系“守正创新”应该提到议事日程上来了。在中国现代性经验没有进入国际大循环，没有成为人类经验的一部分，没有引起世界充分关注的时候，中国文论“守正创新”势在必行。

三、在“守正创新”中整体展示中国美学文论大家

在全球化后现代语境中，新世纪中国文论应在当代文论流派众多的话语角逐中，超越西化跟潮的流派横向移植，超越“五四情结”的现代性诉求，

在全球化文化互动中从事中国美学播撒和新理论输出，形成中西双向的“理论旅行”。一种对等互动的“旅行”，使本土文化艺术和理论反思能够真实地发生和生成在这片厚土之中，完成从一个世纪的拿来主义之后的“文化输出”。在美学文论创作方式、本体结构、接受方式、传播机制、价值功能等方面都产生转变的时代，真正的美学文论前沿践行者，当通过自己的笔歌墨唱，为21世纪中国美学文论的自我创新和输出提供坚实的文化观念和价值重建地基。

走近经典为了继承，创意经典为了图新，美学图新为了精神原创，这表达了我对中国美学文论界整体高于并超越前人的美学观念、美学形态、文论方法、文论传播的某种文化期待。“守正创新”是生命精神喷发状态，而“原创力”是文化软实力，可以表征美学文论新的大国形象。

当代美学家文论家努力的方向是文论原创性，只有真正走近经典的美学家文论家才有可能成为时代美学文论大家，也只有不断创出新经典的原创型美学家文论家才有可能成为时代美学文论大家。可以说，在当代西方美学文论研究了30年以后，应推出一大批不断创新的中国美学文论精英。只有中国美学文论大家的国际影响力提升了，才可能从发现东方文化的精髓到推出一个新的理念——中国文论的文化输出！美学文论国际互动是新世纪中国文论的文化战略，这意味着，新世纪美学文论不仅是中国的，也应该“走出去”而成为世界的！表明从本土主义文化出发应该提出世界主义的美学文论观。

最后需要说明的是，在高水平开创性学术丛书出版困难的时期，黄山书社决定推出这套《中国当代美学家文论家评传》，令人感佩。首批推出朱光潜、宗白华、杨晦、季羡林、王元化、蒋孔阳、李泽厚、钱中文、胡经之、童庆炳等十位中国当代美学家文论家的评传。评传在“评”的方面突出对所评专家学术成果的评介，在“传”的方面则尽可能地钩沉出所评专家一些鲜为人知的人生趣事，使其呈现出浓郁的生活气息。通过丛书的出版，力求打破多年来在中西方文化交流中，中国对国外思想家了解较多，而国外对中国当代思想家却知之甚少的局面，为中国当代“文化输出”做一些推动性工作。

这套丛书的出版，不仅可以使相关领域的研究者能对这些经历了20世纪欧风美雨的中国美学家文论家的精神世界有更深入的了解，也能让更多的读者领略和认识这些跨世纪美学大家的审美风采，从而推动新世纪中国当代美学文艺学研究的国际化。

是为序。

王岳川

2015年1月8日于北京大学

目　录

自　序

本书对王元化学术和思想的评述，暂止于传主《文心雕龙创作论》一书的出版。对于王元化而言，1979年年底决不仅仅标志着一个自然年代的即将终结。自从在1955年被卷入“胡风反革命集团”案之后，王元化不得不进入漫长的阅读、思考和学术潜修的阶段。伴随着《文心雕龙创作论》这一王元化前半生的集成性和标志性成果的最终问世，王元化背负了将近四分之一个世纪的“胡风反革命集团分子”的污名，也于当年不久后被彻底洗雪。换言之，1979年这一20世纪70年代和80年代的界分之年，同时也成了王元化一生二世的分水岭或界碑。如果可以将王元化学术思想的成长比作一棵大树的话，那么，80年代可以称作王元化学术生命的发荣开花期，90年代以后是硕果累累的成熟收获期，而1979年之前，则是根系形成深固和主干茁壮成长的积累孕育期。

之所以主要聚焦王元化学术思想的奠基阶段，除了这一时期对研究者而言具有较为合适的历史距离之外，还因为笔者拥有一定的自信：顺着胡风及其同仁这一座

20 世纪中国思想史上不可绕过的高峰所延伸铺展开来的脉络，探究并触及王元化在八九十年代新创和抵达的另一座思想史的高峰，其取径和研究的视角不会轻易地遭人取代。相反，借助于这种相对特殊的角度，我们还有可能在原本看似独立耸峙的两座山峰之间，揭示和呈现出前此被遮蔽或忽视的实质关联，从而进一步促使中国现当代思想文化史的图景显得更加丰满和真切。

这就很自然地涉及一个很多人都深表关切的问题：王元化到底是不是"胡风集团分子"？包括王元化在内的所有当年涉案人员陆续获得平反，就已经从事实上反证了"胡风反革命集团"这一罪名实系捕风捉影。如果所谓的"集团"都是"捆绑"而成的，那么自然也就根本不存在过什么"分子"。或许，更加学术和有效的提问方式应该是：胡风事件对王元化究竟意味着什么？它对王元化的一生到底产生了什么样的影响？

不得不正视的一个事实是，"胡风事件"对王元化生命和思想历程的影响既深且巨。尽管晚年的王元化十分注意与"宗派"意义上的"胡风分子"之名保持显著的距离，但也没有在思想方面彻底否认自己与胡风等人曾经存在的一致性。也许恰恰是因为从一开始，王元化就不是出于所谓"宗派"的理由而与胡风等人交往，所以他们的接近反而更加纯粹地体现在思想方面。

实际上，这也是本书各章将要逐渐呈现的一个无法否认的事实。可以肯定地说，至少到80年代中期以前，王元化绝大部分的思想劳作成果，都是他与自己50年代的精神危机和从危机中产生的疑问不断对话的产物。因此，尽管王元化早在1938年就开始了思想文化方面的活动和工作，但他最后之所以能够在20世纪中国思想史上留下可圈可点的独特印迹，以至于成为本书评传的对象，其思想的真正起点，只能从发生于1955年的“胡风事件”中去寻找。

也正因为如此，本书还想表达的一个想法是：虽然自20世纪八九十年代之交开始，王元化逐渐从胡风及其同仁这座思想史高峰的影响阴影中走出，在文化和思想史研究领域开拓出了属于自己的一方天地，并在90年代以后较长时期占据学术文化界的引领地位，但这一客观情势的造成，并不是由于王元化事先期待并预见到自己将要被思想史选中，所以才“天将降大任于斯人也”般地主动选择的结果，而是在他并不情愿的境遇中，在历史非常吝啬和苛酷地赋予他个体的极为有限的可能空间里，小心翼翼地摸索和尽己所能地艰难挣扎所开掘而成的。尽管事后证明，他所开掘的所在正好是思想史的一个重要穴位，但这一意料之外的“幸运”的获得，正如晚年的王元化自我总结的那样：“不是我选择了这条道路，而是道路选择了我，时代选择了我。”①

此外，王元化或许也是在新时期之后，最早提倡在文艺理论和文学史研究中重视传记理论研究和传记写作的人。1981年，在一篇为鲁迅诞辰一百周年而作的文章中，王元化呼吁文艺理论界和鲁迅研究专家分头并进，在对国外“各种传记的写法”与“我国史书中的传记文学”“加以总结”和“比较研

---

①吴琦幸：《王元化晚年谈话录》，上海人民出版社2013年版，第134页。

究”的同时，以一种“敢为天下先的开风气精神”，“写出几本具有不同风格、体例互异的鲁迅传”来。

王元化向当时可能的《鲁迅传》的作者们提供的可以借鉴和取法的传记作品的范例主要有两种。一种是“象罗曼·罗兰写的《贝多芬传》、《托尔斯泰传》、《米盖朗琪罗传》那种格局的”“引人入胜的著作”：

> 不堆砌资料，不炫耀广博的征引，不在无关宏旨的细节上作繁琐的考证，而是深入到鲁迅的内心生活中去，探索他的精神世界及其复杂的历程……①

另一种则是：

> 象车尔尼雪夫斯基写的以别林斯基文学活动为中心的《果戈理时期俄罗斯文学概观》那样，从我们现代文学史的波澜起伏的背景上，理出鲁迅的思想脉络和他在每一历史阶段留下的战绩……②

当然，第二种写法“需要对鲁迅的对手”以及属于“同一革命营垒的”社团和个人的所有活动，“都进行系统的探讨，占有充分材料”，才能作出比较公正的历史评述。

王元化对传记作品的重视和喜爱，也使他在晚年明显表现出了撰写自

---

①王元化：《关于鲁迅研究的若干设想》，见王元化：《文学沉思录》，上海文艺出版社 1983 年版，第 53 页。

②王元化：《关于鲁迅研究的若干设想》，见王元化：《文学沉思录》，上海文艺出版社 1983 年版，第 53—54 页。

传的强烈愿望，并部分地付诸行动，但终因不可抗的因素，没能圆满完成。

如果对照王元化所心仪的两种传记的范式，应该说，本书的写法更接近于罗曼·罗兰的《名人传》，主要通过对王元化本人著作的细致解读和深入阐释，来构建和串联王元化的思想传记，同时也在一定程度上附带折射出20世纪中国思想史的一些重要方面。毕竟，作品，仍然是追溯和再现一个人思想历程所可依凭的最清晰和最可靠的踪迹。

2015年12月

第一章　党内少有的文艺理论家

一、父亲的教育学

>> 王元化的父亲王芳荃

>> 王元化的母亲桂月华

每当追溯王元化（1920—2008）家学渊源的时候，人们首先会想到的多半是他母亲一系的显赫背景。身为湖北沙市基督教圣公会第一任中国会长，并早在光绪十一年（1885）就创建了沙市第一所新式学堂的传教士——王元化的外祖父桂美鹏，在自己的家中也培养出了一门新式知识分子。长女桂月华（1887—1986）尽管19岁就嫁给了王元化的父亲，但曾在上海圣玛丽女校就读，工诗词，通英语，且曾从一位芬兰女医士学过医；从王元化的母亲往下，依次是王元化在美国普林斯顿大学获得物理学博士学位的舅舅桂质庭，曾赴英国和欧洲其他地方学习文学的三姨母桂德华，获美国约翰·霍普金斯大学医学博士学位的四姨母桂质良。[①]

1992年，王元化前往美国哈佛大学，参加在哈佛燕京学社举办的“文化中国:诠释与传播”国际讨论会。在会议间隙，他拜访了母亲一系的两位亲戚长辈:一位是在“反右”时期随丈夫移居波士顿附近的五姨母;另一位王元化称其为“宪文姨母”，“她是母亲表妹”，“为哈佛燕京图书馆创办人裘开明夫人”[②]。

然而，对王元化的一生产生了更直接而具有决定性影响的，却是他的父亲王芳荃(1880—1975)。王芳荃，字维周，湖北江陵人，也信仰基督教。作为上海圣约翰大学的首届毕业生、美国芝加哥大学的教育学硕士，他为王元化这个他众多孩子中唯一的儿子，提供了尽可能优良的教育条件和尽可能均衡全面的教育内容。

由于王芳荃在清华留美学堂教授英语，王元化得以在清华园里度过了人生最初的七八个年头，并在清华幼儿园和附属的成志小学接受了启蒙教育。在因故从清华辞职、赴东北大学任教之后，王芳荃又毅然决定让儿子从

①参见钱钢编写:《王元化学术年表》，见《王元化集》卷十附卷，湖北教育出版社2007年版，第302—304页。

②王元化:《哈佛燕京之会》，见王元化:《清园自述》，广西师范大学出版社2001年版，第79页。

北平孔德小学转入育英小学，理由是孔德使用的法文不如育英的英文有更大的适应性。王元化在育英小学上五年级时，因患麻疹在家休养，父亲给他买来石印本七十回《金批水浒传》，让他接触和阅读中国传统古典小说。

>> 1931 年王元化全家在北平。

20 世纪 30 年代初，因为日军觊觎关内，北平局势紧张，王元化全家一度逃难到湖北，整整一个暑假寄居在武昌的舅父桂质庭家，桂质庭当时在华中大学任职。时任华中大学校长韦卓民是王芳荃早年的同窗好友，因此，当时刚进中学不久的王元化，得以与其他几个孩子一起，获得韦卓民亲授《大学》与《中庸》的机会。60 年代，王元化专心研读黑格尔期间，正是这位先后在哈佛大学、伦敦大学取得哲学硕士和博士学位的哲学家、康德专家，成为王元化写信请益、与之探讨黑格尔哲学的师长。也正是由于韦卓民的介绍和引荐，王元化得以与佛学专家、现代新儒学开宗大师熊十力结识并向他请教。自然这些都已是后话。

1936 年，王元化高中期间，因为"眼底回血管"出血，在床上躺了将近一年。显然是为了不让儿子荒废养病的时间，王芳荃专门请人读书给王元化听。七七事变全面抗战爆发之后，王元化全家于 8 月 8 日北平沦陷于日本侵略者之手的前一刻逃离，并辗转到达上海。王芳荃原本是一直准备送儿子

>>1935 年王元化全家在北平合影。

>>任铭善

出国留学的，但一来积年存储的留学费用在战乱期间不得不挪为日常家用，二来从中学开始就深刻体尝民族忧患的王元化也逐渐显露出从事文艺救亡运动的志趣。因此在到达上海后不久，王元化就考入大夏大学攻读经济学。同时，王芳荃在家里另外延请两位老师，分别教授王元化英文和国学。周班侯老师给王元化教授丁尼生、柯勒律治等作家的诗文，任铭善（1913—1967）老师为王元化讲授《说文解字》《庄子》《世说新语》三门课程，并时或要求王元化去旁听他在之江大学的讲课。

直至1947年，王元化已经在国立北平铁道管理学院（今北方交通大学）任讲师教授大学基础国文，王芳荃还请他旧日的同事、曾任清华大学中文系教授的汪公严（1871—1962），给王元化传授《文心雕龙》、《文赋》、楚辞等。这一段经历，成了十数年后王元化写作《文心雕龙创作论》的诱因。①

可以说，在王元化一生的生活、研究和写作当中，处处浸透着王芳荃的思虑、筹划和决断，体现着父亲的识见、提点和良苦用心。“父亲的教育学”给王元化的人生打上了鲜明的烙印。

二、抗战文艺的新启蒙

截至1955年6月因为“胡风反革命集团”案发被隔离审查，早年的王元化在不多的文艺创作之外，还分别有一本编著作品和两部文集问世。

1937年11月，上海租界沦为“孤岛”。1938年年初，未满18周岁的王元化加入了中国共产党，在隶属江苏省委的文委领导下工作。王元化入党之后负责的第一项文化工作，就是编选《抗战文艺论集》。在总共收录的包括茅盾、老舍、冯雪峰、周扬、胡风

>> 洛蚀文（王元化）的《抗战文艺论集》，文缘出版社1939年版。

①王元化的生平经历，分别参考了钱钢的《王元化学术年表》、胡晓明的《跨过的岁月——王元化画传》以及王元化的多篇自述文字，恕不一一详注。

等名家手笔在内的35篇论文中,也有理论上初出茅庐的王元化自己撰写的两篇文章。

王元化首先将抗战时期思想文化领域的革命任务界定为"新启蒙运动"。名之为"新启蒙",显然是相对于"五四"思想启蒙而言的。王元化认为,较之于"五四"时期"价值的重新估定",以及民主和科学的口号,抗战新启蒙运动的中心内容可以总括为两点:民主的爱国主义和反独裁的自由主义。同时,新启蒙运动"又必然的是一个大众化运动"。

抗战新启蒙运动在文学上的发展,就是抗战文艺。爱国主义,标明了抗战文艺在内容上的特殊性:"必须强调反对日本帝国主义的外来侵略。"因此,抗战文艺首先"是一个民族统一战线的文学运动",其总的目标和方向,应该是"号召各派别的作家共同走到文艺抗战化这条路上来"。

在1936年前后的"两个口号"论争时期,有人曾经主张将"国防文学"和"民族革命战争的大众文学"这两个口号,分别视作统一战线中"作家关系间的标帜"和"作品原则上的标帜"。王元化显然从这一统一战线初期工作的前人经验中充分汲取了教训,强调指出:"抗战文艺不仅是号召作家在政治立场上的结合的口号,同时,它更是一个创作方向的文艺运动的口号。"

从左翼文艺的脉络着眼,抗战文艺也"否定了普罗文艺阶段的绝对对立性和思想派别的宗派性",从而增加了一定的自由主义色彩。它应当表现多方面的社会内容,容纳各阶层作家不同的阶级立场,以及由立场所决定的多样的创作方法。当然,王元化仍然认为,"抗战文艺是有阶级性的","新写实主义的创作方法"仍然是抗战文艺中能够正确地反映现实和把握抗战意识的"一支生力军",只不过要注意避免"把它夸张为'独占'的形式"。

《论抗战文艺的新启蒙意义》一文最能凸显王元化个人特征的,是作者赋予了"新启蒙"之"新"以"理性"的内涵。"提出理性这口号"不仅意味着在认识抗战现实方面,“必须抑止无谓的感情冲动,反对任何笼统的幻想”,而且要清除“民族失败主义”的“毒害”,理性地“看清现实”。

对于抗战文艺批评来说,理性也必不可少。在自己的营垒里,当然有必要反对公式主义、进行自我批评,但不应使用“抗战八股”这种“含有抹杀”或者“取消主义”意味的词句;对于不同派别的作家,也唯有通过“不武断”“不宗派”的“合理的批判”,才能促使“联合阵线”的巩固、抗战文艺的健全发展。

发扬理性精神,也是抗战文艺完成“反对反动意识和封建伦理观念”这一重要课题的关键。不可否认,当时的大多数人都“还是保存着封建的伦理观念”,这妨碍了另“一个更高级更重要的伦理观念:抗战”。解决这一矛盾的正确路径,只能是“通过抗战的关系间接的进行”“反封建的任务”。

“把五四阶段上所提出”而未能“彻底”完成的任务,“放到一个更高的基础上来给与解决”。这实际上也即王元化提出“新启蒙”的最初和最根本的含义。在王元化看来,除了反对封建伦理观念不彻底之外,“五四启蒙运动”遗留下来而没有很好解决的问题至少还有两个,它们同时也是抗战文艺所应该负有的“重大的使命”:一曰“教化工作的深入和普及”,二曰“批判的接收‘文化遗产’”。

前一个使命也就是“文艺大众化运动”。“五四”“新文化运动只徘徊在少数知识分子和小市民的圈子当中,而同大众始终是割离的”。因此,“新启蒙运动乃是五四启蒙运动的更高一级的发展”。从“新启蒙的意义”着眼,“单是创作大众化的作品仍是不够的”,“还应该号召文艺理论的大众化运动”;“要推进抗战文艺,光是几个文人”也是不够的,“必须号召大众一起来完成”。“大众不但只是消极的接受文艺作品,并且还应该积极的来参加文艺运动。”

王元化这样分析新启蒙的另一个使命:“五四”新文化运动“对于旧文化

完全站在毁灭的姿态”,“对于礼教国粹的确来了一个很大的扫荡,但这只是进行了文学革命的第一个任务,而跟着接收‘文化遗产’的问题却始终没有解决,同时,第一个任务也做得不广泛不深刻”,以致除了“一小部份的知识分子和小市民”以外,“大众仍沉醉于旧文化里面”。对此,“大众化运动的利用旧形式”,就是“完成扬弃旧文化任务”的最好方法。“因为利用旧形式也就是批判地接收旧文化,在批判地接收过程中,必然地扬弃了旧文化的否定部份,而使它用本身蜕变成一种新的文化。”①

或许是发现,无论是通过抗战继续推进反封建进程,还是深入和普及教化工作,抑或是批判地接受“文化遗产”,抗战新启蒙运动,最终都聚焦一个核心关切:文学大众化。于是王元化再撰一文,专论《关于文学大众化问题》。

解决大众化问题“乃是整个的启蒙运动的主要任务”,然而决“不是文学一部门即可解决”。“因为真正的大众是没有文字的”,而“懂得汉字的人,又不见得就能接收新文学”。因此,解决大众化问题首在“推行新文字”,然后“创造出真正属于大众的文学”。

真正属于大众的文学应该符合三个最基本的条件:“大众能够看得懂”;“大众喜欢看”;“还要提高大众的水准,组织大众向前的思想和情绪”。对这三者还需“互相关联着”理解,否则,“忽视其中任何一点”,都可能在实践中带来大的偏差。

比如“大众看得懂”这问题。在实践过程中,“大众也不见得对于新形式就完全不能接受”。所以,“对于旧形式利用”,就“应当用‘动’的眼光去估

①参见洛蚀文(王元化):《论抗战文艺的新启蒙意义》,见洛蚀文编:《抗战文艺论集》,上海书店出版社1986年版,据文缘出版社1939年3月初版影印,第56—63页。

价它，使它能发展为新的形式”，而不应把它当作“停滞了的一成不变的东西”，去“生吞活剥的接收”。“否定了大众接收新形式的可能性”，也就等于“失去了批判地利用”旧形式、用“正确的方法论”接收“文化遗产”的条件。

“要大众喜欢看就须在作品里打动大众的心，使大众感动”。而要做到这一点，“须要顾到大众的生活”、思想、意识，“然后再在技巧上多下功夫”。但“也不可以一味的去迁就大众”，“在理论上混乱了‘通俗’和‘庸俗’的分别”。“‘通俗化’应该使‘大众喜欢看’，但在内容方面却又应该是向上的。”

这也就是第三个条件：“提高大众的水准，组织大众向前的思想和情绪”。联系当时的历史现实，王元化说，“现在是抗战高潮的时候，大众的生活都被抗战的巨浪所波及”，“都逃不出抗战的影响”，如果作家“可以用各种生动的题材来鼓动大众，帮助他们认识社会，给他们指出一条清楚的大道”，“大众化作品在内容的主题方面”，就可以产生“激发启蒙的作用”。

王元化对大众化历史及其性质的认识也可谓清醒而中肯：大众化运动虽然产生在普罗文学兴起时期，但抗战时期的大众化已经不只属于“左翼”，“它应该是各派别（除汉奸外）的一个联合阵线的运动”。

总括起来看，王元化对文学大众化问题的论述不只止于理论“原则方面的研讨”，还积极就实践方面，诸如如何批判地利用旧剧这一“以一部分小市民作为中心的艺术”等问题，提出了非常具体切实的意见，甚至还有周密详尽的设想：除了作品以外，“就连售价、版本、印刷等也都须要大众化”，否则，一本“内容已是大众化”的书，仍旧与“购买力低落的大众”无缘。王元化之所以对文学大众化问题如此用心，是基于他这样一个重要而明确的判断，“抗战文艺同大众化运动在本质上是根本分不开的”，而大众化运动又直接关乎抗战的前途。[1]

《抗战文艺论集》是王元化在思想文化战线的处女秀。尽管两篇文章的内容还说不上多么深湛,议论也不能说有多么恢弘,字面表达甚至略显匆促和杂乱,但敢于独立思考、思维精深细密、见解独到的特点,都已经在作者身上初露端倪。如果考虑到明显表现出这一系列优点的人还是一个不到二十岁的青年,就更不禁引发人们对他将来的学术思想前景怀有较高的期待。

三、孤岛反思

《文艺漫谈》虽然仅仅选录了王元化于 1939 至 1945 年写就的九篇文章,却保留了他人生第一次反思的踪迹。

(一)《鲁迅与尼采》

王元化第一篇引起较大反响的文章,是写于 1939 年 10 月的《鲁迅与尼采》。对于"鲁迅与尼采的关系"这一"研究鲁迅思想体系的发展的重要问题",当时多数人认为,尼采对鲁迅初期的思想"起了绝大的作用";只有瞿秋白等少数人提出,"鲁迅只受到尼采的一部份影响",尼采学说只不过是"正确的集团主义和科学的社会主义"输入中国之前,鲁迅所不得不暂时借用的斗争工具。

王元化则主张:"鲁迅的初期思想和尼采主义在本质上是不同的。"王元化这种于众说纷纭中透视本质的能力,来自于他所启用的最新理论模式:"一个作家的构成思想是以他本阶级的意识形态作基础,而整个思想体系里,世界观起了决定的作用。"从此模式出发,讨论鲁迅与尼采关系的中心就

---

①参见洛蚀文(王元化):《关于文学大众化问题》,见洛蚀文编:《抗战文艺论集》,上海书店出版社 1986 年版,据文缘出版社 1939 年 3 月初版影印,第 169　178 页。

一变而成了这样一个问题:“鲁迅在他的世界观里是不是吸收了尼采主义?”

根据这一模式的理论逻辑,“首先应该分析鲁迅与尼采的阶级意识”。王元化在此提供的结论,虽然在后来很长一段岁月里几乎成为人们耳熟能详的标准评判格式,但对当时人来说肯定显得新鲜而少见:“初期的鲁迅是一个激进的民主主义者”,“代表当时向上发展的市民阶层的意识形态”;而“尼采的贵族主义的思想在当时不能代表向上发展的阶级,相反的,在尼采哲学的根底里充满了许多反动的因素,这是尼采主义与鲁迅的初期思想在本质上不同的主要根据”。

>> 何典(王元化)的《文艺漫谈》,通惠印书馆 1947 年版。

其次是全面研究“鲁迅与尼采的世界观”及其复杂的发展过程。在王元化看来,尼采的世界观以主张“人类不平等”的“人种论”为基础,且认为“不平等的原因”出于遗传,因而无法改变,所以他的哲学“充满了反民主的毒素”;鲁迅也“用心研究人性和国民性问题”,但目的恰恰在于“要求中国人在世界上争得平等的地位”。又由于“鲁迅是代表向上的阶级”,因而他不怕用“动”的或者“进化”的逻辑去估价人种问题。

世界观的基本差异,自然也导致两人在对文化问题的估价和社会问题的解决等方面存在着诸多不同。“尼采轻视理性”,“把理性事业当作人类的幻想结果”,并且否定“客观存在的真理”;而鲁迅“教示青年”“须竭力启发”群众“明白的理性”,他自己则坚持“韧性的战斗”,胸怀“解放人类”的抱负。在这

>> 1952 年王元化与张可家人合影。

个问题上,鲁迅"超过了"他那些不怎么注意理性的"五四启蒙运动"同辈。

一般人"常常把'个性解放'当作鲁迅与尼采的共同点",但王元化却发现,两人"虽都主张'个性主义',但是却反映着两种不同的社会关系":坚持人类不平等的尼采,"把个性与集体对立起来",他的个性崇拜"排斥一切有组织的社会性";而鲁迅"除了拿尼采哲学作为反偶像的工具外","不但不将个性同集体对立,并且还把自己的爱憎和群众的利害统一起来","不但要解放'自己'",而且还要求"人类的共同幸福"。这一点也体现于两人截然不同的妇女观。

除了全新理论的运用,王元化在清理鲁迅早期思想时所体现出来的思想史的视野,以及对进化论不同于流俗的理解,也是《鲁迅与尼采》这一长文让人印象深刻的地方。

对于鲁迅所代表的市民阶级的要求启蒙的“意识形态”，王元化是将之放置于整个中国近代启蒙运动史的视野当中来考察的。洋务运动、戊戌维新、辛亥革命和五四运动，在王元化的理解中也即中国近代史上的历次启蒙运动。正是在它们相继失败的惨痛经验中，生长起了鲁迅不妥协的反封建思想和“在当时具备着十分进步”意义的“变”的概念。鲁迅的“变”，决不是“和平的转变，而是‘光明和黑暗作彻底的战斗’，这种矛盾斗争的发展结果就是进化”，也就是“新和旧的”“新陈代谢”。

说到进化，大家很容易想起瞿秋白对于鲁迅思想发展的著名论断：“由进化论发展到阶级革命论。”但在王元化写作的当时，就已经有人开始反对瞿秋白的说法，认为“鲁迅一开始就是唯物论而不是进化论”。王元化似乎更同情瞿秋白，但并没有在两种观点之间明确选择立场，因为他对进化论的理解，从起点上就超越了反对论者的理论视界。

众所周知，“鲁迅自己承认初期的思想是进化论”的，但王元化紧接着对其作了范围的限定：“鲁迅对于‘进化’的概念，是站在达尔文主义的立场。”王元化的意思是说，达尔文的进化理论适于解释“生物（包括人类）的一种本能”，“但是社会进化不能光用生物的本能来解释”，因为“它还包含了阶级斗争的复杂关系”。与此相应，“动物界的适应环境主要表现在生理器官的变化，但人类的‘生存竞争’却表现在生产力的关系上面”。因此，“人类同动物虽都是为生存而斗争，但有本能的和意识的差别”，正如马克思所说：“人类历史之所以异于自然历史者，即前者为我们所造，后者非我们所造。”

对马克思智慧的汲取，也使王元化轻易地解决了人们对鲁迅思想与进化论关系的疑问。王元化认为，鲁迅在《坟》中把“保存生命”“延续生命”“发展生命”当作人类的生存斗争的本能，这确实是相信进化论的明证。但“在人类分化成阶级对立的社会里，不像生物界的适应环境，它主要的是阶级斗争，因此并不是所有的青年都胜过老人，在同一青年的集团里也发生着进步和堕落的搏斗”。

或许，理清鲁迅思想、达尔文的进化论和马克思主义及其所体现的唯物论之间的关系，可以称得上《鲁迅与尼采》一文的主要理论亮点之一。王元化的思路是这样推导的：

“鲁迅和达尔文在许多地方都很相同。”比如，“他们全是从精密的研究事实出发”；“同时，他们都不是机械的自然主义者”，因而都具有“将所有的现象联系起来观察”，然后“推出事物的本质”这样“优秀的作风”；两人都“对人类怀着莫大的热爱”。所以，第一个结论是：“初期的鲁迅成为一个达尔文主义者不是偶然的。但鲁迅没有像有些人故意歪曲进化论，机械的把它引用到社会问题上来。”

“达尔文主义和马克斯主义不是对立的。”达尔文和马克思，虽然一个“以生物进化为对象”，“致其兴味于研究自然工艺学”；另一个“以人类进化为对象”，“研究人类工艺学”，但他们在方法论上是相同的，并发现了各自领域的发展法则。达尔文主义与马克思主义“是整个科学唯物论的两部份”。

既如此，“说鲁迅的初期思想是进化论”，显然并不意味着“与唯物论对立”。①

王元化在晚年坦承：

一九三九年我写的《鲁迅与尼采》一文，发表后有较大影响（甚至至今还有人提到它）。但我坦率地说，那时我并没读过多少尼采著作，我

①王元化：《鲁迅与尼采》，见何典（王元化）：《文艺漫谈》，通惠印书馆1947年版，第24—48页。文中所用的人名“马克斯”除引文保持原样外，其余改为现今通用的“马克思”。

的许多看法大多袭自苏联一本论尼采的著作。①

如果仅仅着眼于理论的原创性，王元化的这篇少作可能乏善可陈。作为鲁迅的崇拜者，王元化迫切希望划清自己的偶像与“反动的”、被法西斯主义者利用的尼采哲学之间的界限之心，也是殷殷可鉴。因此，理性而深入地研究和评述尼采哲学，也并非该篇文章所长。但其实，这两种标准都不是评价王元化此文最适切的尺度。

对于当时的左翼文艺理论界而言，马克思和恩格斯的文学思想，以及来自苏联的文艺理论模式，都还属于刚刚传入的新鲜事物，除了在政治上违禁的危险以外，仅在理论方面，也既充满了先锋吸引力和准确理解把握的难度和挑战，又从一开始就难免转道第三国及多重语言转译所必然带来的失真甚至庸俗化的危险。在此种情形下，理论传译和运用的忠实度和保真性，就成了最迫切和最宝贵的要求。

就在一般左翼文论者对最新革命文学理论普遍理解不深的状态下，王元化却表现出过人的学术敏感和非同一般的理论思维能力。《鲁迅与尼采》一文既有干脆利落的理论框架，又有思想史的视野，显见与同类文章不在一个水平等级。作者不仅对阶级性、意识形态、世界观、社会关系、生产力等一系列生鲜词汇运用自如，而且还能融会贯通，并适时妥切地澄清容易引起理解严重混乱的焦点问题，且见解独出机杼。该文成功地规避了当时常见的一种偏向，没有将达尔文的进化论庸俗化地理解为社会达尔文主义，就尤其值得称道。

---

①王元化：《记我的三次反思历程》，见王元化：《清园近作集》，文汇出版社2004年版，第11页。该文写于2004年1月18日，是作者为《思辨录》所作的序，后去掉开头两段专门针对《思辨录》的说明，用作十卷本《王元化集》（湖北教育出版社2007年版）的总序。

由此亦可解释此文在当时引起的“较大影响”。当年刊发《鲁迅与尼采》一文的《新中国文艺丛刊》的编者戴平万，在《编后记》里留下了自己真实的阅读感受和评价：

> 《鲁迅与尼采》的作者，还是一位二十岁左右的青年；他以这样的年龄，而能有这么严正的精神来治学，真是可敬。虽然在这篇论文中，对尼采的个性解放，在某一阶段的革命性，估计尚不充分，多少有点机械味儿，但对于鲁迅先生的思想分析，却非常正确。①

戴平万的阅读反应可谓平正而中肯。

(二)《现实主义论》

相比之下，写于1940年1月的《现实主义论》有些面目驳杂，其间既有较明显的机械论的残留，也记录了王元化接受反映论的思想轨迹。

王元化首先根据恩格斯关于“认识的原则”的基本问题来把握“现实主义的特质”。这一问题就是：“精神和物质‘什么视为第一位的及什么视为第二位的’。”“现实主义的艺术家是从研究外界现实出发”，“把现实抬高到观念之上”；而理想主义②则“从‘自我’出发”，“把观念放在现实上面”。

这里的问题是，恩格斯的“简单公式”本来是用以“区别唯物论和观念论”的，但世界观能否直接与创作方法对应，或者如文章中所断言的那样——哲学态度决定“创作方法的基本原则”，却显然存在着疑问。因此，着眼于哲学“认识论、方法论上的基本差异”，来区分文学上的现实主义与理想

---

①王元化：《后记》，见王元化：《向着真实》，上海文艺出版社1982年版，第207页。

②这里的“理想主义”，对应英文应该是 idealism，它作为哲学用语一般译为唯心主义、唯心论，或观念论、理念论。

主义，貌似简洁明快，实则流于简单机械。

果然，在紧接着的对现实主义的产生和流变所作的历史叙述中，文章就开始显出明显的杂乱。这个叙述是综合弗理采、斯坦宁等人的艺术史著作而成的：在“原始共产主义时代”，艺术品都“是现实主义的”，“朴素的唯物论和朴素的现实主义”“密切接合在一起”；随着“人类生产关系”推移到农业时代，物质和精神劳动的分工开始出现，随之产生了“理想主义的作风”和流派；“私有财产制度的产生”，“消灭了艺术与生产关系间的直接联系”，现实主义也“开始与唯物论脱离了直接的联系”；“现实主义在资本主义社会得到很大的发展机会”，但很快就“没落了”。“十九世纪的现实主义作家”“并不都是坚决的站在唯物论的立场”，其中那些“徘徊”在现实主义和理想主义“两大潮流中间”的“二元论者”，以及“倾倒在客观观念论的怀抱中间”的那些人，“还把自己混乱在世界观与创作方法的矛盾上面”。

按照这个叙述，实际的艺术发展历史，恰恰与上文导源于“简单公式”的结论严重不符。因为很显然，正是哲学认识论与创作方法之间的直接对应关系被实际的历史进程彻底打乱，才产生了恩格斯关于现实主义的著名命题：作家世界观与创作方法的矛盾。

当然，尽管出现了这种理论分散转运中的矛盾状况，“新现实主义”还是在并不圆满的历史叙述的铺垫下出场了。当时的王元化相信，新现实主义将运用“辩证唯物论”这一武器，“扬弃”旧的现实主义与理想主义，彻底解决文艺史上一直遗留的许多矛盾——世界观与创作方法、理想和现实——“而成为现实主义与理想主义更高一级的发展”。

反映论在很长一段时间内曾被看作是现实主义的基本特征。在王元化这里，它是通过伊里奇（列宁）对蒲力汉诺夫（普列汉诺夫）的象形论的批判而确立的。反映论主要“探求艺术和现实的关系”，所以它与象形论的分歧仍然根源于哲学认识论。

蒲力汉诺夫在《论艺术》中说:“我们的感觉是将现实中所发生的东西带到我们知识中的象形文字。象形文字,不像由这象形文字所传达的事件。”这就意味着,就人类的“经验同现实的关系”而言,现实“事物不能完全反映在意识里面,人类的意识形态所能达到的只是一些事物的标记和符号而已”。由此“哲学认识论上的见解”出发,蒲力汉诺夫将艺术看作人类经验过的感情和思想的表现,进而认为,“艺术价值是在其感情的高下”。

伊里奇批判地指出,蒲力汉诺夫背离了恩格斯的唯物论。因为“依据这个象形论,人类的感觉和表象不是现实物和自然过程的复写,不是它们的模像,只是它们的单单的习惯的记号和象征。……恩格斯没有说及象征,也没有说及象形,只说及物的复写、肖像、映像、反映”。揭示反映论和象形论在本质上的根本不同,显然是伊里奇《唯物论与经验批判论》一书的主题之一,因为他在书中指出,蒲力汉诺夫的错误在于,以“经验为认识对象”为满足,对于经验论者的批判“不彻底,不坚定”。

显然,哲学上的精微批判和斗争,促使了王元化对反映论的信服:

> 反映论者须清除认识论上各种明显的或隐藏的经验论的残余,公开的说明,人的认识是客观实在性在人意识上的反映。人类的观念形态,不外是“移植到人类头脑里的而加工制造过的物质的东西”。文艺上的现实主义是以这种反映论为基础的。文艺不是什么经验了的感情和思想的再现,而是现实的反映。

相应的,新现实主义“是从反映现实的深度来测量作家们的艺术地位”。

《现实主义论》一文最有价值的地方,可能在于王元化初步认识和理解了恩格斯关于现实主义的著名指示：

> 除开详细情节的真实性以外，还要表现——典型环境中的典型性格。

王元化论述说，看似绝不相容的“详细情节的真实性”和“典型环境中的典型性格”，“只有在新现实主义的光炬下”才显出辩证的统一。因为它既能“排除从观念出发而造成的一般性与特殊性的脱离，同时又不至于为现实的假象和浮面的琐碎所害”。

王元化又说：

> “详细情节的真实性”的描写供给了作家把一般事物具化到特殊的个别的事物上去的方法，显示出从未有过的典型性的完满的创造。
>
> 但是如果把“详细情节的真实性”的描写当作人生的“模仿”或“照像”，那么就无疑的会变成现实的俘虏。

因此，为了防止“素材主义”和“繁琐主义”，新现实主义还须像高尔基所说的那样：“升腾于现实之上，从劳动阶级、新人类的创造者的光辉的目的所在的高处，看现在的事物。”

不知当时的王元化是否意识到，当他担忧“繁琐主义”对人生的“模仿”和“照像”，提倡以“作家对现实的透视”来校正“小市民对现实的追随”[①]之

---

①参见王元化：《现实主义论》，见何典（王元化）：《文艺漫谈》，通惠印书馆1947年版，第1—23页。由于时代的不同，《现实主义论》一文中所涉及的蒲力汉诺夫的《论艺术》、伊里奇的《唯物论与经验批判论》后改译为普列汉诺夫的《艺术论》、列宁的《唯物论与经验批判主义》，“详细情节的真实性”改为“细节的真实性”。

时，他就已经与强调“复写”和“模像”的反映论产生了扞格？

在《文艺漫谈》之后，《现实主义论》被王元化在各个时期编选各种文集时一概刊落，可以显见作者对于此文早已心有未惬。但王元化对反映论做出明确的清理与反省，却一直等到晚年第三次反思之后。他说：

回想到过去，我初读哲学时，当时我所赞成的“反映论”，未必比它所反对的认为认识是“近似的”象形文字论，具有更多的真理性。[1]

（三）反思的内在机制

对于第一次反思的经过和成果，王元化在晚年的叙述极为概略，主要有这么一些关节：反思开始于“抗战时期一九四零年前后”。当时王元化“入党不久，受到了由日文转译过来的苏联文艺理论的影响”。但很快在两个因素的触发下，反思取得了两方面的收获：一方面，是在“大后方传来”的“一股学习古典名著的热潮”影响下，通过“阅读名作、座谈心得”等方式，在自己身上“识别”出了“那种为了要显得激进”而“形成的‘左’的教条倾向”[2]。在晚年的另一篇文章中，王元化具体提到了当时写作中挟带的“偏激情绪”：“我们对鲁迅精神作了自以为深刻其实不无偏差的理解，以为在论战中愈是写得刻骨镂心、淋漓尽致，也就愈是好文章。”[3]另一方面，在当时一些知心诤友如

①王元化：《记我的三次反思历程》，见王元化：《清园近作集》，文汇出版社2004年版，第22页。
②王元化：《记我的三次反思历程》，见王元化：《清园近作集》，文汇出版社2004年版，第11页。
③王元化：《序》，见王元化：《清园论学集》，上海古籍出版社1994年版，第4页。该篇序言最早是作者“应《收获》编者之约，为该刊‘人生采访’专栏所写的一篇文章”，原题《自述》，文末注明的写作时间为“一九九四年八月”。后经“本人略加增订，作为《清园论学集》的序言”。见王元化：《九十年代反思录》，上海古籍出版社2000年版，第304页。《自述》一文后又收为广西师范大学出版社2001年6月出版的《清园自述》一书的第一篇。

满涛的批评砥砺之下,王元化逐步认识到自己"在艺术与政治的观点上","从藏原惟人那里转借来的所谓艺术价值和社会价值双重标准等是错误的""机械论"。这次反思持续了"三四年","直到沦陷区时代即将结束"。前一方面的收获以写于1943年的剧评《曹禺的〈家〉》和创作发表于1944年底的小说《舅爷爷》为标志,它们获得了友人由衷的赞叹"真的脱胎换骨了";后一方面的体悟,促使王元化在党内学习毛泽东《在延安文艺座谈会上的讲话》时,直接对"政治标准第一、艺术标准第二"的提法,提出了大胆而坦率的疑义,这给王元化招来了他当时带有极左思维的直接领导的批判和打击。①

>>《脚踪》,王元化的文学创作集,内收小说《舅爷爷》。摄自哈佛燕京图书馆。

在王元化一生经历的三次反思中,就思想所涉及的深度和广度以及成果的丰硕程度而言,第一次反思都远逊于后两次。但值得注意的是,第一次反思与后两次的不同之处在于:第一次是自发主动的,后两次都是在重大外力的震撼和逼迫下启动的。而在第一次期间,除了阅读《海上述林》让他了解到恩格斯的现实主义理论以外,并不曾有人或某种外部力量向王元化提出了反思的要求;相反,他的完全自发的反思,还给王元化带来了领导的不理解和行政惩戒等一系列挫折,让他备尝痛苦。王元化的自讨苦吃,颇可与

①参见王元化:《记我的三次反思历程》,见王元化:《清园近作集》,文汇出版社2004年版,第11—13页。

他后来深切理解和同情的龚自珍在清末追求革新所得的感慨相仿佛：

> 弗为之，其无督责也矣。为之，且左右顾视，踆踆而独往，其愀然悲也夫？其颓然退飞也夫？……其志力之横以孤也，有以异于曩之纵以孤者乎？（"横以孤"指在自己时代处境孤立，"纵以孤"指历史上处境孤立的先辈。——引者）①

龚自珍是说，他们当时不去做那些事不会受到督责，然而去做，则适足以让自己体尝到旷古孤寂的大悲哀和大颓丧。

但恰恰因为如此，才见出了王元化反思的真义。正如王元化所说："我是在严格意义上使用'反思'一词的，即指对自己的思想进行反省和检讨。"而且，这种自我反省和检讨唯经自己理性考察而认定的真知是从，不作违心之论，不计较利害得失，因而也不屈从于任何外在的压力。这种自我反思的内在机制，同样也贯穿在他的后两次反思之中，构成了王元化思想的原核。只不过当这一原核受到外力的高压或碰撞的时候，受到的压力和碰撞越强大，其所爆发出来的思想能量就越惊人，所迸射出来的理论光华也就越璀璨。此外，通过阅读《海上述林》，触发了他对转道日本的苏联文艺理论中的庸俗化因素的省察，也为他1956年的第二次乃至于20世纪90年代以后的第三次反思，奠定了"回到马恩的原初理论"，即回到原典这一思考路径的基础。②

---

①王元化：《龚自珍思想笔谈》，见王元化：《文学沉思录》，上海文艺出版社1983年版，第199页。
②参见王元化：《记我的三次反思历程》，见王元化：《清园近作集》，文汇出版社2004年版，第11—13页。

四、王元化与胡风

（一）“我也和他一样”

王元化1946年经原储能中学的同事冯宾符介绍，认识了当时冯在上海雷米路文安坊的隔壁邻居胡风（1902—1985）。在新中国成立前，王元化和胡风同在上海的时间很短，所以实际交往并不多。但从中学开始，王元化就读过胡风的文章；上海沦为孤岛时期，又陆续读到胡风的著作《论民族形式问题》以及《七月》杂志等。应该说，对胡风的文艺思想和理论，王元化是比较赞同的。主要就是因为在这一点上的坚持不迁，使王元化两次拒绝了组织和领导对他的善意“挽救”，而终于被定为“胡风反革命集团骨干分子”。对于这一过程，王元化自己叙述得很清楚。

第一次大约是1952年批判胡风思想期间，时任上海新文艺出版社总编辑和副社长的王元化，对批判胡风“很有抵触情绪”。当时华东局宣传部副部长冯定，专门找王元化谈话，严肃地告诉他，“毛主席把胡风的全部著作都读过了，认为胡风是反马克思主义的”，并要王元化“划清界线”。冯定还这样跟王元化说：“你不能跟胡风走，你应该跟党走。”王元化当时的反应是：

> 我听了内心矛盾之极。我向他说：“胡风有些文艺观点我是赞同的，我也和他一样，如果我马上就划清界线，那是假的，我希望组织上在这方面能够帮助我。目前我所能够做的，就是不再和他们多来往了。”

第二次是在1955年6月至1957年2月的隔离审查后期，负责审查的人员对王元化说：

>> 1993 年王元化参加“胡风生平与文学道路展览”。

你的问题已经弄清楚了，没有历史问题。在对敌斗争时期，你的表现是好的。现在的问题是你对胡风的认识不清，立场和态度都没有转变过来。你转变过来了，就可以出去工作。[①]

现在我们已经知道，为了转变立场和态度，就在审查后期，王元化开始了上溯马列原著及其理论源头的刻苦研读。这也就是他人生第二次的 1956 年反思。反思的结果之一恰恰是：

①王元化：《我和胡风二三事——致胡风信七通及附记》，见晓风主编：《我与胡风》（上）（增补本），宁夏人民出版社 2003 年版，第 464 页。

认识到在反胡风斗争中对“人格力量”、“人的尊严”、“艺术良心”等等进行批判是一种极左思潮,与马恩的观点并不相侔,甚至与列宁斯大林的观点也不同。①

这就难怪,在初版于 1952 年 6 月的文集《向着真实》中,王元化的见解与胡风文艺思想相近甚至相同之处随处可见。《向着真实》书名取自斯大林“写真实”的号召,意为“坚持现实主义,向着真实努力”②。全书主要收录王元化写于 1950 年 4 月至 1951 年年底之间的文艺评论 14 篇,外加新中国成立前“学习古典名著”的体会 3 篇,其中 2 篇转录自《文艺漫谈》。

>> 方典(王元化)的《向着真实》,新文艺出版社 1952 年版。

《向着真实》第一辑的 7 篇文章,有 5 篇都是即于抗美援朝时期的文艺作品和现象所作的短评。我们可以照着目录,依次看一下开头几篇。

《几种夸张》受两幅夸张失实、片面性的宣传漫画触发,王元化因而主张,夸张应该“发芽于诚实的心里,成长在真实的基础上”,“合于事实发展逻辑的必然性,从有血有肉的现实生活中产生出来”,夸张的目的“是为了说出

①王元化:《记我的三次反思历程》,见王元化:《清园近作集》,文汇出版社 2004 年版,第 16 页。
②方典(王元化):《后记》,见方典:《向着真实》,新文艺出版社 1952 年版,第 190 页。

真实”。如果“片面性的夸张”“使真实受到伤害”，就会使文艺作品失掉“预期的效果”。王元化认为，出现“片面性的夸张”，是因为人们“把夸张理解作可以离开现实生活的空洞叫喊，可以从概念演绎出来的抽象的说教”。

苏联的加里宁和鲁迅一道被王元化援引为自己的理论后援：前者反对“矫揉造作”的“故意夸大”，后者则主张另用“廓大”替代“有语病”的“夸张”，两人都“反对冷静旁观的描写现实的态度”，都“要求作者用战斗的热情突入到生活斗争里面”。

显然，王元化对夸张的评论很快就超脱了单纯的漫画，而上升到了“真实”这一现实主义的基本原则。本来，对于整个现实主义艺术而言，“提出夸张”正可以“无情的打击”“自然主义的冷观态度”。这当然指的是“真实的夸张，因为”“真实的夸张”不仅仅是“一种形式上的手法”，它还“要求作者站在现实之上”，“洞见未来”，根据“历史发展的必然规律，用明天的光照亮今天的日子”。“所以在真实意义上的夸张就不可能不成为一个作者的战斗精神的要素。”①

《用光明暴露黑暗》同样给人以与胡风观点何其相似之感。这篇文章的起因，在于当时有不少人提到，可以利用美国作家考尔德威尔“暴露美国资本主义腐烂的小说”《烟草路》，为抗美援朝宣传提供一点帮助。王元化对这部小说和据之改编的剧本都观感恶劣，认为作家“把人当作动物来描写”，体现了“粗暴的否定人的态度”。王元化对《烟草路》的具体看法可能不无特定历史时代的局限，但由此引出的他对暴露文学的主张，其评论对象却同样不以该部小说为限：

---

①方典（王元化）：《几种夸张》，见方典：《向着真实》，新文艺出版社1952年版，第3—8页。

只有对于光明的拥抱力最强的人，才能够将黑暗暴露得最深刻、最彻底、最真实。正像古时一位不知名的哲人所说的：

知道恶不是为了作恶，却是为了认识恶的反面。

这是暴露文学不可缺少的一条进步法则。在暴露黑暗的根底不可能不潜伏着作者心里的光明和纯洁，在否定的同时不可能不存在着肯定的另外一面。

王元化还指出，“如果没有这种将人提高的信念作为暴露文学的基础”，暴露必将走向其“高尚目的的反面”。因而结论是：“黑暗不能用黑暗去暴露，必须要用光明去暴露它。”①

《形式主义的栅栏》体现了王元化对“形形色色的技巧论”丝毫不假借的态度。当时有人以“观摩和参考”技巧为理由，对“停映美片”表示异议。王元化却认为，把技巧当作“可以离开思想内容的独立存在”，是“形式主义的栅栏”得以形成的原因。而“真正的文学作品”是一个有机整体的，哪怕最细小的“一笔一划”，都“不可能不被它的思想内容所渗透所决定”。为此，王元化说了下面一段话：

技巧不是从外面加上去的人工的手法。为了避免误会，有人更恰当的用表现能力或表现方法来代替技巧这个用语。文学的技巧只有当它是和内容相应相成的活的表现能力或表现方法的时候才存在。因此有人正确的指出：它是平日积蓄起来的对于语言的感觉力和鉴别力，平日积蓄起来的对于形式的控制力和构成力，到了创作过程中间，就融进

①方典（王元化）：《用光明来暴露黑暗》，见方典：《向着真实》，新文艺出版社1952年版，第9—14页。

了作者向对象的拥合方法里面，成了新的活的表现能力涌现出来。[1]

王元化在这里两次提到的“有人”，正是胡风。因为关于“技巧”，胡风是这么看的：

“技巧”，我讨厌这个用语，从来不愿意采用，但如果指的是和内容相应相成的活的表现能力而要借用它，那也就只好听便。然而，表现能力是依据什么呢？依据内容的活的特质的性格，依据诗人的主观向某一对象的，活的特质的拥合状态。平日积蓄起来的对于语言的感觉力和鉴别力，平日积蓄起来的对于形式的控制力和构成力，到走进了某一创作过程的时候，就融进了诗人的主观向特定对象的，活的特质的拥合方法里面，成了一种只有在这一场合才有的，新的表现能力而涌现出来。[2]

（二）《世界观·倾向性·人格力量》

实事求是地说，王元化与胡风在文艺思想上的近似与亲和，不光缘于相互过从而带来的影响和被影响，更主要的，还因为两人欣赏和借鉴的外国文学的资源十分接近。1952 年版《向着真实》的第三辑是一组关于具体作家作品的评论。王元化在 1982 年《向着真实》的新版《后记》里明确说，这组文章所涉及的几乎都是“自己所喜爱的”作家。尽管随着时光的流逝，他对这些作家的看法“已有所变化”，但他们无疑是引导青年时代的自己“认识生活和

①方典（王元化）：《形式主义的栅栏》，见方典：《向着真实》，新文艺出版社 1952 年版，第 18—19 页。

②胡风：《关于题材，关于“技巧”，关于接受遗产》，见胡风：《在混乱里面》（1941—1943），收入梅志、张小风整理辑注：《胡风全集》第 3 卷，湖北人民出版社 1999 年版，第 81 页。

怎样对待文学事业的先驱”①。换言之，王元化对这些作家的阅读和感受，构成了20世纪四五十年代王元化文学思想的主要来源。而这些作家，诸如鲁迅、罗曼·罗兰、果戈理、契诃夫，以及与他们密切相关的文学批评家别林斯基，也同样为胡风所喜爱，同样是胡风文艺思想的重要营养来源。

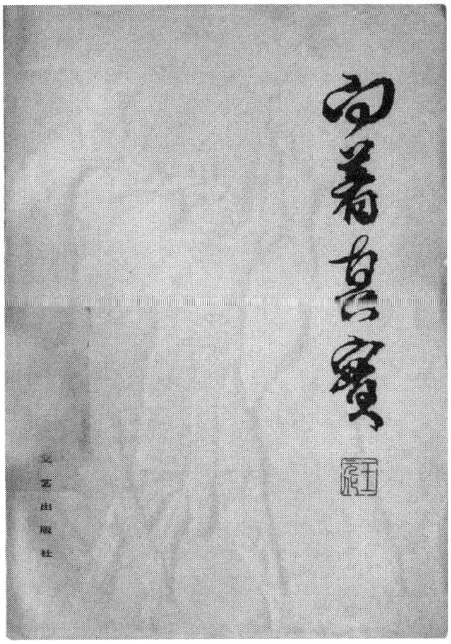

>> 王元化的《向着真实》，上海文艺出版社1982年版。

罗曼·罗兰的《约翰·克利斯朵夫》最初抓住王元化的，是作品中的主人公带给他的强烈激励和鼓舞。对于身处孤岛、经历第一次思想的反思，并且可能感受到来自不理解者的压力的王元化来说，那个在“不幸的境遇中”，始终“毫不动摇”地追求“远大的理想”，“为了信仰”去“经历壮阔的战斗”的克利斯朵夫，就如同一个普罗米修斯那样盗窃了天火来照耀黑暗世间的神明。王元化第一篇阅读《约翰·克利斯朵夫》的感想，更像是一曲写给克利斯朵夫的热烈赞歌，但从中也分明可见王元化本人曾经的心路历程的缩影。因为他这样表示，当一个人“在真诚和虚伪之间动摇”“对人生对艺术的信仰的火焰快要熄灭”“四面碰壁心灰意懒预备向世俗的谎言妥协”等种种时候，他可能“就会自然而然

①王元化：《后记》，见王元化：《向着真实》，上海文艺出版社1982年版，第208页。

的想到克利斯朵夫”，并且因为“得到他那巨人似的手臂的援助”而免于沉沦。[1]

《约翰·克利斯朵夫》所显示出来的人格力量，吸引着王元化试图对这一作品进行更深入的探究。他发现，作品中所表现的伟大人格，很大程度上也是作家本人品格的某种体现。那么，罗曼·罗兰最突出的品格体现在什么地方呢？体现在“罗兰对于善的追求和对于恶的永不妥协的态度”；体现在他“相信人类能够‘臻于至善’”这一“不可动摇的信念”[2]；用高尔基评价罗兰的话说，也体现在“作者底心与头脑以及他对于人类的不可摇撼的爱”[3]。而且，这些品格，不是“思想的商标，而是伟大的火焰”，它们“燃烧在罗兰的全部人格和作品里面”。也正因为如此，《约翰·克利斯朵夫》才能够让曾经处在阴霾冷暗处境中的王元化感受到光明和温暖。

在当时的法国，罗曼·罗兰在艺术上需要对抗的潮流应该是已成“赫赫声势”的自然主义和正在兴起的存在主义。但在王元化眼里，重视“科学”“镇静”的自然主义更是需要着力批判的大敌。因此，王元化对罗曼·罗兰的赞许，无形中就会变成对胡风反对冷静描写的客观主义的声援。因为自然主义在法国的表现，正如同客观主义在中国：“把小市民对于现实的追随代替了现实的表现”；他们“可以驾驭熟练的语言唯妙唯肖的刻划各种冷淡的形象，利用采访的材料做庸俗社会学的图解”，“却写不出一个平凡的灵魂的伟大”。而罗曼·罗兰主张“应当鼓起对生命对人类的信仰”，“在血肉里

---

①参见方典(王元化)：《关于〈约翰·克利斯朵夫〉》，见方典：《向着真实》，新文艺出版社 1952 年版，第 139—141 页。

②参见方典(王元化)：《〈约翰·克利斯朵夫〉断片》，见方典：《向着真实》，新文艺出版社 1952 年版，第 146—148 页。

③方典(王元化)：《关于〈约翰·克利斯朵夫〉》，见方典：《向着真实》，新文艺出版社 1952 年版，第 139 页。

面渗透着热烈的爱憎”，则俨然是满怀着胡风式主观战斗精神的作家典范。

罗曼·罗兰有一句著名的格言：“要有光！”因为“太阳的光明是不够的，必须有心的光明”。王元化把这一点视为“罗兰和自然主义作家的最大区别”，同时也从中获得了作家的人格和思想如何艺术地在作品中表达的启示：

>>1960 年王元化陪伴母亲游豫园。

他使别人感动之前自己先就感动，使别人相信之前自己先就相信。他把伟大的思想化为自己的血肉，把伟大的理想渗入自己的行动。

这一启示，同时也将“生吞活剥借来装饰门面的思想”和“虚张声势的大言壮语”排除了出去。如果在中国，这也就排除了胡风所反感的概念化和主观公式主义。

与作家思想相似，社会意识要想在作品中得到恰当的表现，也必须有“心的参预”。约翰·克利斯朵夫这一人物性格，就提供了这方面的有力例证：

一种社会意识如果没有伟大的性格作它的基础，没有人格的印证作它的血肉，没有心的参预作它的生命，即使以科学的方法来标榜，以客观的态度来吹嘘，它却无论如何也不能掩饰自己的冷淡。[①]

在另一篇文章中，王元化把来自罗兰的启示表述得更接近胡风的语言：

思想不能借来，思想必须变成自己的血肉要求，必须化为自己的实践意志，必须建立在自己的人格基础上面。

而作为基础的"伟大人格"也"并不是一种先验的独立的存在，它是在现实生活里面形成的战斗要求"。换言之，为罗曼·罗兰所"最珍视的人格力量"[②]，几乎就是胡风主观战斗精神的法国对应物。

对王元化这一代人来说，他们多半是通过鲁迅翻译的《死魂灵》阅读果戈理的，又通过果戈理，进一步认识了俄国"自然派"杰出的批评家别林斯基。因此，他们对果戈理的理解，反过来又在很大程度上受到了别林斯基的

①方典(王元化)：《〈约翰·克利斯朵夫〉断片》，见方典：《向着真实》，新文艺出版社1952年版，第158页。

②方典(王元化)：《要有光！》，见方典：《向着真实》，新文艺出版社1952年版，第30页。

分析和阐释的影响。在王元化的《别林斯基围绕果戈理的战斗》①一文中，有对果戈理作品的理解，但更多的还是对别林斯基文学见解的吸收。

据王元化理解："别林斯基用'自然派'这个称号，发表了文学上的现实主义理论，要求艺术完全合于现实，忠于生活。"而现实生活在果戈理的作品中则表现为"平静无事的结局"的悲剧。果戈理显然是忠实于现实的，但并不意味着作家在创作中没有自己的主观性，恰恰相反，正如别林斯基所指出的那样，在《死魂灵》里"到处感触得到的，所谓是捉摸得到的透露出他（果戈理）的主观性"。而且，这还"不是由于局限性和片面性而把诗人所描写的对象的客观现实实际加以歪曲的主观性"，而是"不许他以麻木的冷淡超脱于他所描写的世界之外，却迫使他通过自己的泼辣的灵魂去导引外部世界的现象，再通过这一点，把泼辣的灵魂灌输进这些现象"。即如"平静无事的结局"的悲剧，果戈理"是要通过否定的东西告诉读者：'在这世上真是烦闷呵！'从而将在读者心里培植改革现状的要求和追求光明的渴望"。

由此更进一步，王元化获得了在现实主义理论方面的两大收益或启发：

第一个收益关乎"人民性"问题："任何一种否定都必须用理想的名义来执行。"以"自然派"为代表的"否定或批判"的现实主义的最大特色，就是"要求作者不仅要忠于现实，并且必须要反映人民的斗争要求，这也是成为一切现实主义必不可少的人民性的因素"。

显然，对于王元化来说，第二个启发涉及的理论问题更重大，也更根本，

①这篇文章很可能就是王元化阅读1952年上海时代出版社出版的两卷本《别林斯基选集》之后所写，因为该文文末注明的写作时间是1952年11月19日，而王元化在1952年12月3日致胡风的信中，曾报告自己"写了篇《别林斯基选集》读后"。参见王元化：《我和胡风二三事——致胡风信七通及附记》，见晓风主编：《我与胡风》（上），第458页。胡风也获赠该套《别林斯基选集》，因为译者满涛是王元化最好的朋友兼妻兄，也是胡风的朋友。可参见王元化1952年9月7日致胡风信，见《我与胡风》（上）第455—456页。

这就是关于“倾向性”的问题。别林斯基就此论题所作的有关“不生产的资本”的论述，在王元化的文章和著作中，被作为关键而有力的论据一再加以援引：

倾向本身必须不仅存在头脑里，却主要的必须存在心里，在写作的人的血液里；它主要的必须是一种感情，一种本能，然后恐怕再是一种自觉的思想，——倾向非象艺术本身那样生发出来不可。读到或听到，甚至正当的被理解，但没有被自己的天性所融化，没有受到人格的印证的思想，不仅对于诗，就是对于任何文学活动，都是不生产的资本。

王元化认为，别林斯基的看法与恩格斯那段关于倾向性的话，“倾向应当是不要特别地说出，而要让它自己从情况和行动中流露出来”，“几乎达到完全契合的地步”。两者共同阐明了“现实主义的基本原则之一”：“作者对于现实生活必须具有实践的而非抽象的把握。读到或听到的思想，即使正当的被理解，但是如果没有在生活实践中被自己所融化，变成自己的血肉”，那么，就仍然是别林斯基所说的“不生产的资本”，也就不能达到恩格斯“倾向‘从情况和行动中流露出来’”的要求。①

在果戈理之后，契诃夫也“通过平凡的人、平凡的生活，写出了‘几乎无事的悲剧’”，即“人们在死气沉沉的灰色的小市民生活中，毫无意义、毫无价值的浪费生命，消磨精力，一天比一天变得庸俗、愚蠢、冷淡”。这是“腐朽的专制社会的不可医治的病症”②。但不要因此就产生另一种误会，以为契诃

①参见王元化：《别林斯基围绕果戈理的战斗》，见王元化：《向着真实》，上海文艺出版社 1982 年版，第 86—88 页。

②王元化：《纪念契诃夫》，见王元化：《向着真实》，上海文艺出版社 1982 年版，第 102 页。

夫“没有热烈的爱憎和分明的是非”[①]。因为“他揭露了生活的可怕的真理”,“叫人感到颤栗”,“目的不是叫人消沉”,而是“使人鼓舞起来”,“带着爱和信念去工作”,“叫人在颤栗中清醒过来”,“去和专制社会战斗”。因此,高尔基这样理解和评价契诃夫:“庸俗是他的仇敌”,“他能够随处发现‘庸俗’的霉臭”,但这种“随地发现和暴露‘庸俗’的技巧”,“只有那些对人生有高的要求的人才能够有”[②]。

契诃夫自己曾经这样谈到过“伟大作家的条件”:“最为优秀的作家是写实的,按照生活原来的样子去描写生活”,但“每一行都像液汁一样地渗透着对于目的的自觉”。在王元化的眼里,契诃夫的这些要求应该是现实主义立场的完美体现。因为“冷眼旁观的作家绝对不会要求在作品中‘像液汁一样地渗透着对于目的的自觉’。同样,‘按照原来的样子去描写生活’这一现实主义的要求,也不是公式主义所可胜任的”。此外,“对于目的的自觉”也表明,“契诃夫的这种现实主义,决不是抑低作品内容的思想性”。而且作品思想性的表达,也一定不像别林斯基所批评的那种“不生产的资本”,而一定如杜勃罗留波夫所言:

> 艺术作品可能是某种思想的表现,并不是因为作者在他创作的时候听从了这个思想,而是因为那作品的作者被现实的事实所征服,而这思想正就是自然而然的从这种事实的现实中流露出来的。[③]

---

①方典(王元化):《关于契诃夫与艺术剧院》,见方典:《向着真实》,新文艺出版社 1952 年版,第 131 页。

②参见王元化:《纪念契诃夫》,见王元化:《向着真实》,上海文艺出版社 1982 年版,第 104—107 页。

③方典(王元化):《关于契诃夫与艺术剧院》,见方典:《向着真实》,新文艺出版社 1952 年版,第 133—134 页。

这岂不也正是胡风理想中的现实主义？

在写于 1997 年的《读莎剧时期的回顾》一文中，王元化还提到一篇未编入《向着真实》的文章：

> 当时正在强调正确的世界观对于文艺创作的决定作用，两位具有权威性的文艺理论家何其芳、林默涵，正在严格地用这一理论去裁决文艺问题的是非。在这种使我感到压抑的窒息气氛下，一九五一年我写了《世界观・倾向性・人格力量》，发表在梅林主编的《文学界》上。这篇文章援引并阐发了别林斯基那段话（指“不生产的资本”那段话——笔者注）。一九五二年我编《向着真实》集子时，一位对我怀着善意担任领导工作的朋友，劝我不要把这篇文章编入集内，因为它和当时正在大力宣扬作家必须先改造世界观的指导思想相悖。我接受他的意见，使我在接踵而来的文艺整风中免除了惊扰，但这篇文字也就从此没有编入我的集内了。①

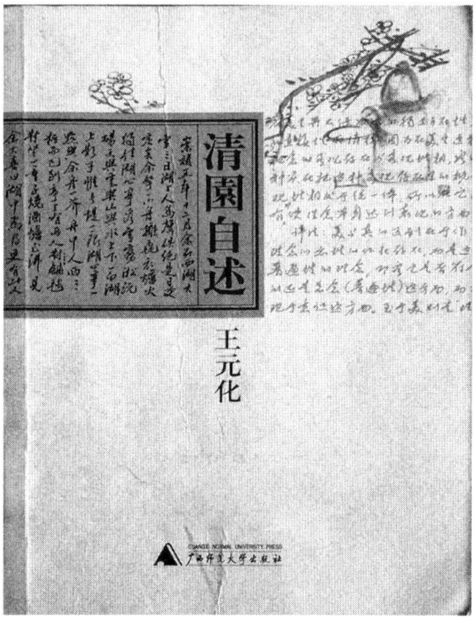

>> 王元化的《清园自述》，广西师范大学出版社 2001 年版。

从《向着真实》全书的内容来看，《世界观・倾向性・人格力量》充其

①王元化：《读莎剧时期的回顾》，见王元化：《清园自述》，广西师范大学出版社 2001 年版，第 124 页。王元化在别的地方曾写明那位“担任领导工作的朋友”是刘雪苇。这篇文章后经作者删削，保存在《王元化集》卷二“文艺评论”（湖北教育出版社 2007 年版）中（第 43—45 页）。

量只能算是王元化20世纪50年代初期文艺思想的精粹和提纯。尽管由于它过于“明目张胆”地违逆主流理论而遭到自我删除，但一篇文章的自我隔离和缺席，丝毫都无改于全书实质的思想和内容。因此王元化可以侥幸地躲过一次文艺整风，却不大可能在1955年的更大风暴中再次幸运地逃过一劫。

据说，在当年对王元化的第二次“挽救”中，周扬曾经称许王元化是“党内少数的对马克思主义文艺理论造诣较深的学者之一”[①]。从王元化1955年被隔离审查之前的著述总体来看，如果将周扬的评价理解为对王元化思想学术潜力的评估，或许更为准确和客观。

①转引自钱钢编写：《王元化学术年表》，见《王元化集》卷十“附卷”，湖北教育出版社2007年版，第329页。

第二章　王元化读《小逻辑》

一、值得深究的问题

西方的伦理学家在探究道德和伦理命题的时候，常常会假设一些极端的情境。比如一个众所周知的例子：一名铁路扳道工，究竟应该将一辆失控的机车，引向一条必定会撞向五个人的铁轨，还是导向不可避免会撞上两个人的另一条？

哈佛大学教授迈克尔·桑德尔（Michael J. Sandel）在他著名的公开课“公正”（Justice）中，为了深入剖析康德的“说谎都是不对的（Lying is wrong），甚至包括‘善意的谎言’（a white lie）”这一道德的律令时，让学生假想一个“杀手临门”的情境：一个受到追杀的朋友正藏身在你的家中，杀手追踪而至，直截了当地问：“你的朋友在你家吗？”如何能够做到在不出卖朋友的前提下，仍然恪守康德的道德律令而不说谎？

幸好这样的问题多半是虚拟的。但是，在 1955 年 6 月至1957年2月，当王元化受到“胡风反革命集团”案的牵连、被隔离审查的时候，他却实实在在地面临了一个真实的道德抉择：“胡风集团”的罪名是当时最高领导层确定的，而周扬亦已表示，“只要王元化承认胡风是个反革命分子，就可将他作为人民内部矛盾处理”。如若不然，他就会不可避免地堕入“阶级敌人”的行列，与所谓“胡风集团”的同人一起接受炼狱般的命运，并且极有可能连累家人。经过痛苦的思考，王元化认为“反革命”“这个结论缺乏有说服力的证据，予以拒绝”①。

>> 王元化《清园近思录》，中国社会科学出版社1998年版。

可以想见王元化在当时所经历的心灵的“大震荡”和“精神危机”。多年

①李子云：《我所认识的王元化》，见《王元化集》卷十“附卷”，湖北教育出版社2007年版，第164—165页。

以后，他这样自述：

在隔离审查中，由于要交待问题，我不得不反复思考，平时我漫不经心以为无足轻重的一些事，在一再追究下都变成重大关节，连我自己都觉得是说不清的问题了。无论在价值观念或伦理观念方面，我都需要重新去认识，有一些更需要完全翻转过来，才能经受住这场逼我而来的考验。我内心充满各种矛盾的思虑，孰是孰非？何去何从？……在这场灵魂的拷问中，我的内心发生了大震荡。过去长期养成被我信奉为美好神圣的东西，转瞬之间轰毁了。我感到恐惧，整个心灵为之震颤不已。我好像被抛弃在茫茫的荒野中，感到惶惶无主。这是我一生所遇到的最可怕的时候。①

那时，唯有专心致志、全神投入地阅读，成了帮助王元化摆脱精神危机的救渡之筏。他回忆说：

我开头读的是《毛选》，我发现《实践论》主要是阐发列宁的《唯物主义与经验批判主义》的思想精要，而《矛盾论》则是阐发列宁《哲学笔记》中《谈谈辩证法》的精要。自然其中也夹杂不少斯大林时期苏联哲学理论的观点。这以后，我再去读列宁的两本原著。读完我更进一步去探索马恩哲学的思想世界，几乎把马恩的哲学著作读遍了。当这一切进行完毕，我把我的全部攻读集中在三位大家身上：马克思《资本论》

①王元化：《读莎剧时期的回顾》，见王元化：《清园近思录》，中国社会科学出版社 1998 年版，第 181—182 页。

(第一卷)、黑格尔《小逻辑》、《莎士比亚戏剧集》。有关前二种,我写了数十本笔记。[1]

王元化自己将这次后来被称为"一九五六年的反思"所取得的重要成果归纳如下:

认识到感性—理性的认识论是不充分的,必须补入知性阶段;——认识到"抓要害"是一种片面的知性分析方法;——认识到断言只有阶级的人性而没有一般人性的存在,是违反马克思论人性观点的;——认识到凡人的思想莫不打上阶级的烙印这一命题,正如否定一般人性存在的观点一样;——认识到《政治经济学批判导言》提出的"由抽象上升到具体"这一命题,并不是如过去理论界所认同的是指由"研究方法"到"说明方法",而是表达了感性—知性—理性的过程;——认识到我们跟随苏联的理论界批判德波林的差异说,断言差异就是矛盾,这也是有问题的;——认识到《唯批》(《唯物主义与经验批判主义》的缩略——引者注)将政治概念引进哲学,认为哲学也有党派性,也有路线斗争,并断言从希腊罗马开始就存在着唯物主义与唯心主义两条路线斗争。可是《唯批》作者后来写《哲学笔记》接触同一问题时,就不同于上述观点了。但我们理论界仍将前者奉为圭臬,作为必须严格遵守的经典原则;认识到在反胡风斗争中对"人格力量"、"人的尊严"、"艺术良心"等等进行批判是一种极左思潮,与马恩的观点并不相侔,甚至与列宁斯大林的观

---

①王元化:《记我的三次反思历程》,见王元化:《清园近作集》,文汇出版社2004年版,第14—15页。

>> 王元化《清园近作集》，文汇出版社 2004 年版。

点也不同……①

王元化还说：

这次反思中所得的结果，我把它们都写在当时的笔记中，等到将它们整理成文，已是在二十多年以后，我经过平反可以发表文章的时候了。②

王元化第二次反思的成果可谓丰硕，其中绝大部分后来都成了 20 世纪 80 年代“思想解放运动”的理论武器。但在隔离审查的当日，最能对王元化“震颤不已”的心灵提供慰藉，并最直接缓解他巨大“精神危机”的，恐怕反倒是在他“一九五六年的反思”所取得的重大成果中被他本人列在最后的一项。这其间的逻辑联系很清楚：胡风的“反革命”，主要是因为他的文艺思想被确定为“反马克思主义”。身在隔离审查期间的王元化之所以“一再提出”“读书要求”，并一路上溯阅读，直至马恩原典及其理论源头，显然他最迫切想求证的，应该就是这样一个“思想问题”：自己在很大程度上认同的胡风理论，是否真的如案件的定性所说，与马克思主义“背道而驰”？只有首先解开这一对当时的王元化而言有如燃眉之急的心头大惑，他才能够摆脱时刻纠缠着他的诸

①王元化：《记我的三次反思历程》，见王元化：《清园近作集》，文汇出版社 2004 年版，第 15—16 页。其中归纳反思成果的第二段引文省略了王元化很多解释说明的文字。
②王元化：《记我的三次反思历程》，见王元化：《清园近作集》，文汇出版社 2004 年版，第 16 页。

如“孰是孰非，何去何从”这样矛盾思虑的折磨。同时，也正因为王元化最终从阅读和思考中得出了正好相反的结论，所以他才有可能在“丧失身体自由的环境中”，“享受到”一切“顾忌皆去”“思想自由的大欢乐”①。否则，不是要显得当时的王元化太没心没肺，其从危机到解脱的巨大跨越也太过于匪夷所思了吗？

>> 黑格尔（1770—1831）

然而，恰恰在这些关键的环节上，王元化的自述文字一笔带过，显得语焉不详。这就给研究者留足了进一步仔细探究的空间。比如，人们往往将王元化1956年的反思，简单地以“读黑格尔”一言以蔽之，并且这一说法似乎还得到了王元化本人生前的基本认可。那么，可以如此吗？何以能够这样？为什么王元化能从黑格尔的《小逻辑》中，获得胡风理论与马克思主义并无违和的确证？证明的思想历程又是怎样的呢？

严格地说，王元化阅读黑格尔又可以分成两个不同的阶段：开始于隔离审查时期的读《小逻辑》而至于“韦编三绝”，以及20世纪70年代的阅读黑格尔的《美学》（第一卷）。后者更主要与修订和完善《文心雕龙创作论》的文稿有关。当然毋庸多言，两个阶段必然有着内在相通的理论脉络。

---

①参见王元化：《记我的三次反思历程》，见王元化：《清园近作集》，文汇出版社2004年版，第13—17页。

二、由痛楚转化而来的洞察力

>> 王元化的《读黑格尔》，百花洲文艺出版社1997年版。

正如王元化在最早一本由笔记影印并整理出版的《读黑格尔》的序言里所说，《小逻辑》带给他的“最大启迪”，“就是黑格尔有关知性问题的论述”①。

据《小逻辑》的译者贺麟先生解释，“知性”一词的德文是 Verstand，它是“从动词 Verstehen（理解、了解）转变成的名词。本义为智力、理解力、分析辨别事物的能力、作抽象思想的能力。也就是指一般所谓抽象的形式的理智作用和认识能力”。英语中与 Verstand 同义的词有两个，一个是 Understanding（理解力），另一个是 Intellect，后者“一般译作知力或理智”。因此，贺麟先生一般把 Verstand 译作“‘知性’以表示它是与理性、感性并列的三个阶段的认识能力，有时译作‘理智’以表示它是与情欲、直觉有区别的抽象的理智作用”②。在 1980 年《小逻辑》的《新版序言》中，贺麟先生则更加明确地指出：“理解的性能，包括规定、判

①王元化：《序》，见王元化：《读黑格尔》，百花洲文艺出版社 1997 年版，第 3 页。这篇写于 1996 年 5 月的序文后来去掉最前面的两行说明文字，起名为《读黑格尔的思想历程》，收入《清园近思录》《九十年代反思录》《清园自述》等多个文集。

②贺麟：《译者引言》，见[德]黑格尔著，贺麟译：《小逻辑》，生活·读书·新知三联书店 1954 年版，第 9 页。这也是王元化在隔离审查时期阅读的版本。

断、分析、推论、区别、比较等认识的性能或求知的能力在内,简称'知性'。特别就认识能力而言,感性、知性、理性都是认识能力辩证发展的三个阶段。"①

《小逻辑》是这样论述感性的:感性的东西来自于"感官或感觉官能"对外在事物的感知,感觉所得的结果叫表象。这一认识的最初阶段有两个要点:被感知的外在感性事物的特点是个别性,个别的感性事物之间的联系是彼此相外;而以感性材料为内容的表象,则因为将感性材料"设定为在我之内,具有我的东西的规定,因而具有普遍性、自身联系性、简单性"。表象所具有的普遍性是由感觉这一思维活动赋予的,因为"思维活动的产物,思想的形式或规定性一般是普遍的抽象的东西"。"但表象的特性,一般讲来,又必须在内容的个别性中去找。"②

>> 1954 年三联书店版《小逻辑》

人总不会满意于单纯表面的感性现象,而"想要知道有以异于单纯现象的原因"和"有以异于单纯外面的内面",这就需要反思。反思作用就是在"无限量的""个别的""生灭无常"的"杂多体"中,"寻求那固定的、长住的、

①贺麟:《新版序言》,见[德]黑格尔著,贺麟译:《小逻辑》,商务印书馆 1980 年第 2 版,第 16 页。

②参见[德]黑格尔:《逻辑学概念的初步规定》,见黑格尔著,贺麟译:《小逻辑》,商务印书馆 1980 年第 2 版,第 68—70 页。1980 年贺译商务印书馆版的《小逻辑》较 1954 年三联书店版在语言表述习惯方面有了较大的修订,为了便于今人理解,除非直接转引王元化当年的引文,其余都以 1980 年的版本为据。

自身规定的、统摄特殊的普遍原则。这种普遍原则就是事物的本质和真理”。①

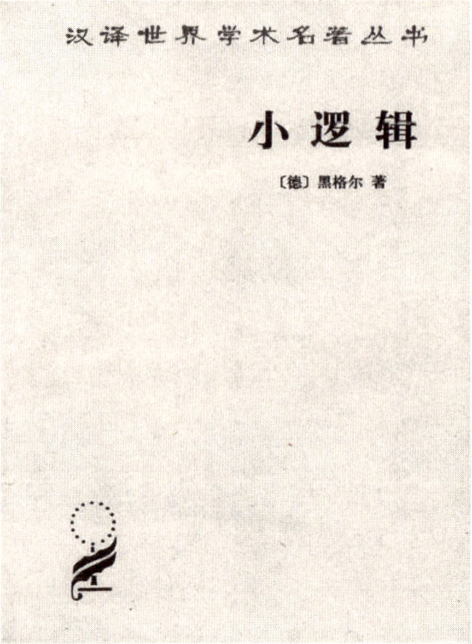

>>1980 年商务印书馆版《小逻辑》

如果说，认识的目的是为了“揭示出事物的真实本性”即真理，那么，从这里开始，认识活动也就步入了一段歧路横生的旅程。因为感官的认识功能到此失效，转而由不可直接得见的、“幽暗不明”的思维来接替。

在分析思维的客观意义和主观意义的过程中，《小逻辑》先于知性接触到了理性这一范畴。

“反思既能揭示出事物的真实本性”，而这种思维同样也是“作为能思的主体”的“我的活动”。在此，黑格尔似乎隐约区分了思维活动的形式和内容。形式由“能思的主体”提供：“就思维的主观性而言，乃是一个没有规定的自在存在，但就思维的内容而言，却又同时包含有事情及事情的各种规定。”

所谓“没有规定”的主观性，是指“不附加任何特殊的特质或行动给主观性”，从而使“就形式来说，思维不是主体的私有的特殊状态或行动，而是摆脱了一切特殊性、任何特质、情况等等抽象的自我意识”。在这种精纯不杂

①参见[德]黑格尔：《逻辑学概念的初步规定》，见黑格尔著，贺麟译：《小逻辑》，商务印书馆 1980 年第 2 版，第 75—76 页。

的自我意识中，思维和一切构成思维活动内容的个体事物“相同一”，“深入于事物的实质”，最终获得“真”的思想。黑格尔说，“按照这样的规定”的思想，“可以叫做客观的思想”。

思维的客观意义“可以较确切地用古代哲学家所谓‘Nous（理性）统治这世界’一语来表示”。这句话的意思是说，“理性是世界的灵魂，理性居住在世界中，理性构成世界的内在的、固有的、深邃的本性，或者说，理性是世界的共性”。由此可见，所谓客观的思想，也就是由思维的主观性于“一切自然和精神事物”之中发现或捕获的“普遍实体（Substanz）”或者“真实共性”。说得更明白一些，也就是贯穿在“事物中的真理”。“思维的客观意义”也就是认思维为 Nous，为体现在“一切自然和精神事物”之中的理性，它也可以说是作为思维内容的理性。

自然，“思维的客观意义”必定与“思维的主观意义相结合”。思维的主观意义也可由一句话来体现：人是有思想的。人之所以有思想，是因为“他是一个有普遍性者”。而且，只有当人“意识到他自身的普遍性时，他才是有思想的”。这一点使人区别于动物，动物也“具有潜在的普遍的东西，但动物并不能意识到”。更哲学的表述是，“自然界不能使它所含蕴的理性（Nous）得到意识，只有人才具有双重的性能，是一个能意识到普遍性的普遍者”。

人的这种理性“性能的最初发动，即在于当他知道他是我的时候”。“当我说我时”，一方面固然是“意谓着我自己”这个“始终是特定的”“个别的人”，“但同时我也说出了一个完全普遍的东西”，因为“我这里所说出的，并没有什么特殊关于我自己的东西”，而“每一个其他的人也仍然是一个我”。这样的“我”，“乃是一纯粹的‘自为存在’（Fürsichsein），在其中任何特殊的东西”都遭到了“否定或扬弃”。“这种自为的我，乃是意识中最后的、简单的、纯粹的东西”，甚至可以说，“我与思维是同样的东西，或更确切地说，我是作为能思者的思维”。这也是作为思维形式的理性。

黑格尔将作为思维形式的“我”之理性,形象地描述为“一种接受任何事物或每一事物的空旷的收容器”:

一切皆为我而存在,一切皆保存其自身在我中。每一个人都是诸多表象的整个世界,而所有这些表象皆埋葬在这个自我的黑暗中。由此足见我是一个抽掉了一切个别事物的普遍者,但同时一切事物又潜伏于其中。所以我不是单纯抽象的普遍性,而是包含一切的普遍性①。

“包含一切”的“具体的普遍性”,也是黑格尔一再强调的理性的核心和标志性特征之一。

无论是“思维的客观意义”还是“思维的主观意义”,最后都归趋于同一个东西:理性。实际上,通过“思维的客观意义”和“思维的主观意义”相结合,黑格尔展示了理性思维的运作过程及其特点:理性思维是自由的,“因为自由正是在他物中即是在自己本身中,自己依赖自己、自己是自己的决定者”。说得更明白具体一些,就是“没有外在于我的他物和不是我自己本身的对方”;这样的自由同时也就意味着无限,因为没有“对方”表明“自己就是那有限之物的界限”和否定。而且,这里的“无限并不似通常所想象的那样,被看成一种抽象的往外伸张和无穷的往外伸张”,而是扬弃了有限并将其包含在自身之内,因而又是辩证的。理性思维的辩证进展就“是从思维的本身去推演出”“一切事物的自在自为地存在着的根据”,以及概念的“自在自为

①[德]黑格尔:《逻辑学概念的初步规定》,见黑格尔著,贺麟译:《小逻辑》,商务印书馆1980年第2版,第81—82页。

的本质”和规定，而“并不是从外面把它们袭取而来，并勉强给予定义”。最重要的一点是，理性思维“可以把握绝对真理的本来面目”。

值得特别注意的是，黑格尔对真理的理解不同于一般真理的定义。通常人们总是认为“表象与一个对象相符合叫做真理”，而黑格尔说，“从哲学的意义”“概括地抽象地讲”，“真理就是思想的内容与其自身的符合”。①

不过，只涉及“纯粹思想和纯粹思维形式”②的理性思维并不是人人都能轻易理解的。正像德文 Verstand 一词词义所显示的那样，一般人说到思维概念的时候，心目中总以为只是指“规定、判断、分析、推论、区别、比较等”知性的活动。

《小逻辑》也承认，“思维无疑地首先是知性的思维”。而且，作为认识历程中一个不可缺少的阶段或环节，知性作为“理智思维”，也发挥着不能抹杀的功效。《小逻辑》对知性的功效既有一言以蔽之：“无论在理论的或实践的范围内，没有理智，便不会有坚定性和规定性”；也有析而言之：“认识起始于理解当前的对象而得到其特定的区别。”“在这里，思维是作为分析的理智而进行，而知性的定律是同一律，单纯的自我联系”，“通过这种同一律，认识的过程首先才能够由一个范畴推进到另一个范畴”；“知性的活动，一般可以说是在于赋予它的内容以普遍性的形式”。

但是，知性在发挥出其本身作用的同时，也表现出了极大的局限性：理智的区别作用使知性思维“坚持着固定的规定性和各规定性之间彼此的差别，以与对方相对立”；“理智的抽象”作用导致“由知性所建立起来的普遍性

---

①参见［德］黑格尔：《逻辑学概念的初步规定》，见黑格尔著，贺麟译：《小逻辑》，商务印书馆 1980 年第 2 版，第 83—97 页。

②［德］黑格尔：《逻辑学概念的初步规定》，见黑格尔著，贺麟译：《小逻辑》，商务印书馆 1980 年第 2 版，第 83 页。

>>20 世纪 60 年代的王元化

乃是一种抽象的普遍性,这种普遍性与特殊性坚持地对立着,致使其自身同时也成为一特殊的东西了"①。此外,同一律又容易使知性思维陷入坚执片面规定"而排斥其反面"的"非此必彼的方式"②。知性的诸种缺陷足以表明,"理智并非究竟至极之物,而毋宁是有限之物"③。而有限的思维形式显然不可能把握和认识无限的真理和绝对。

"在思辨的哲学里",知性这一必不可少的"'阶段'(Moment)或环节""不能老停滞不前进"④,否则,认识所得到的便只能是一些抽象的、孤立的、

①[德]黑格尔:《逻辑学概念的初步规定》,见黑格尔著,贺麟译:《小逻辑》,商务印书馆 1980 年第 2 版,第 172—176 页。

②[德]黑格尔:《逻辑学概念的初步规定》,见黑格尔著,贺麟译:《小逻辑》,商务印书馆 1980 年第 2 版,第 101 页。

③[德]黑格尔:《逻辑学概念的初步规定》,见黑格尔著,贺麟译:《小逻辑》,商务印书馆 1980 年第 2 版,第 175 页。关于知性的局限性,王元化在《知性概念》一文中把它们"简括"概述为三个特点,但他的转述是以 1954 年三联书店版的《小逻辑》为依据,语言表述有所不同。

④[德]黑格尔:《逻辑学概念的初步规定》,见黑格尔著,贺麟译:《小逻辑》,商务印书馆 1980 年第 2 版,第 110 页。

僵硬的东西，而无法获致对于事物的全面的、本质的和内在的联系。因此，黑格尔十分肯定地认为，理性涵盖并包括了知性，而知性却不能理解理性。

从“考察思维规定把握真理的能力和限度”①的角度着眼，黑格尔要求人们必须要分清无限的理性的思维与有限的单纯理智的知性思维，是因为他痛感到，他所在时代的哲学要么如旧的形而上学那样，“单纯用抽象理智的观点去把握理性的对象”，素朴地信仰“抽象的孤立的思想概念即本身自足，可以用来表达真理而有效准”②；要么则像康德的批判哲学那样，恰恰是因为意识到知性范畴的有限性质，“认为采取有限概念的道路就没有中介可能达到真理”，因此干脆“否认客观知识的可能性”③，“自作聪明”地“自谦理性不能认识物自体”④。他们共同的错误都在于，把理性混淆于知性之中，而且使后者僭越并占据了理性在哲学中本应有的地位。

准确地说，黑格尔的逻辑学是研究“一系列‘纯粹概念’（‘纯粹理念’）的科学”，原本属于本体论。但黑格尔的逻辑学“又是认识论”，因为黑格尔“逻辑学中‘纯粹概念’的发展序列”，同他在另一本著作《精神哲学》中对个人“经验认识各阶段的发展序列”的直接描述“大体上是相应的”⑤。同时，还由于弥漫于当时哲学界的“任性”“浅薄”之风所激，始终以“趋赴”真理为自己哲学劳作的目的的黑格尔，也无比迫切地体认到，“只有[正确的]方法才能够规范”和“指导思想去把握实质，并保持于实质中”，因而又在序言中

---

①参见[德]黑格尔：《逻辑学概念的初步规定》，见黑格尔著，贺麟译：《小逻辑》，商务印书馆 1980 年第 2 版，第 86—87 页。

②[德]黑格尔：《逻辑学概念的初步规定》，见黑格尔著，贺麟译：《小逻辑》，商务印书馆 1980 年第 2 版，第 95 页。

③[德]黑格尔：《第二版序言》，见黑格尔著，贺麟译：《小逻辑》，商务印书馆 1980 年第 2 版，第 6 页。

④[德]黑格尔：《第一版序言》，见黑格尔著，贺麟译：《小逻辑》，商务印书馆 1980 年第 2 版，第 2 页。

⑤参见张世英：《中文版序》，见黑格尔著，梁志学译：《哲学全书·第一部分·逻辑学》，人民出版社 2002 年版，第 7—12 页。

格外声明,《小逻辑》"要揭示出"一个能够"给予哲学以一种新的处理"的方法,并且希望这一方法能够被"公认为唯一的真正的与内容相一致的方法"①。故而,对方法的注重,额外构成了《小逻辑》的一个重要特色。

现在看来,《小逻辑》的本体论对王元化的影响不算大。王元化从《小逻辑》中获得的启迪,主要集中在认识论和方法论两个方面。如果不妨借用一个熟悉的历史故事来譬喻,那么,认识的历程就犹如哥伦布原本计划的环球远航,知性只是处于从感性出发的认识航程的中途,理性才是应该继续前行努力抵达的目标。如此说来,黑格尔所剖析批判的旧形而上学是刚刚渡过了宽阔而波涛汹涌的大西洋,就纯朴地相信自己已经到达了印度,根本不知道前面还横亘着一个更加宽阔、更加波诡云谲的太平洋;批判哲学则认为,既然抵达美洲已经接近了人力航海的极限,那么处于另一大洋彼岸的邈远的印度,即便可能存在,也永远不克到达。而王元化却发现,在我们那些历来相信"正确的思想是指导我们理论和行动的伟大指南"的同胞当中,倒是少有像康德那样的怀疑论者,但绝大部分都如旧形而上学家们一般,天真地乐观和自信:所谓认识过程,就是从感性到理性,这还需要疑问吗?

不过,王元化如何就能断定,在这些自信的同胞中间,就不会存在哪怕是极少数上天赋予其超卓智慧和超凡幸运的人,能够从感性越过知性,一步洞见到真正的理性呢?何况我们一向都在强调和运用辩证法?

这样的情况确实可能发生,但一般是出现在"一个伟大的精神","譬如象歌德""创造出伟大的经验"的时候②。除去这种经验的情况,则"认识到

①参见[德]黑格尔:《第一版序言》和《第二版序言》,见黑格尔著,贺麟译:《小逻辑》,商务印书馆1980年第2版,第1—5页。

②[德]黑格尔:《逻辑学概念的初步规定》,见黑格尔著,贺麟译:《小逻辑》,商务印书馆1980年第2版,第87页。

思维作为理智必陷于矛盾、必自己否定其自身”才是“思维自身的本性”，也才是真正的“辩证法”[①]。更何况，黑格尔逻辑学中的思维规定，其独特的透彻魅力恰恰在于，能让一些“我们常常挂在口边”，因而显得“异常熟知”的名词，显示出它们“内在的核心”，而这些事物的“内在核心”，往往亦正是人们常识中“最无知的东西”[②]。比如说“无限”，它既不是像通常以为的那种“无穷进展的坏的无限”，也不构成“有限与无限的凝固对立”。“真正的无限”是“非有限”，它先后通过“有限”和“非”的“否定”和“否定之否定”，“在别物中返回到自己”[③]。

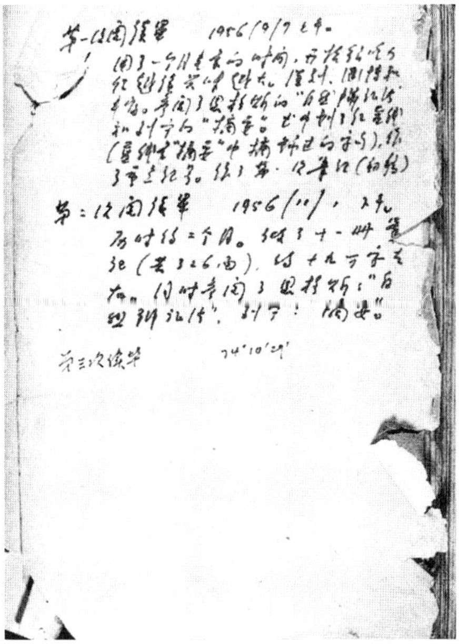

>> 王元化在《小逻辑》的最后一页记下阅读时间。

假如不能够从常识也就是知性思维中跳脱，即便天天谈论矛盾又如何？焉知他们口中的辩证法不是如黑格尔所抉摘的“单纯的诡辩”[④]、如胡风所曾

①[德]黑格尔：《导言》，见黑格尔著，贺麟译：《小逻辑》，商务印书馆1980年第2版，第51页。

②[德]黑格尔：《逻辑学概念的初步规定》，见黑格尔著，贺麟译：《小逻辑》，商务印书馆1980年第2版，第84页。

③[德]黑格尔：《存在论》，见黑格尔著，贺麟译：《小逻辑》，商务印书馆1980年第2版，第207—208页。

④[德]黑格尔：《逻辑学概念的初步规定》，见黑格尔著、贺麟译：《小逻辑》，商务印书馆1980年第2版，第177页。

讥弹的“江湖诀”[1]呢？如果人们普遍都将知性误认为是理性，自以为在奉行辩证法之时却实际陷于形而上学而不自知，那么，他们所做的判定，包括对胡风文艺思想的定罪，是否还具有不可移易的正确性呢？更关键的是，如果王元化这些具有颠覆性力量的疑问正当酝酿之时，他恰好又在马克思那里得到了对自己疑问的关键确证和支持，那么，因为同情“反马克思主义”的胡风理论而身陷囹圄的王元化，内心又将会发生一种怎样激烈的反应呢？

由此可以理解，为什么王元化会对“由抽象上升到具体”这一理论问题表现出情有独钟。这一问题源出马克思的《〈政治经济学批判〉导言》中的一段话：

> 因此，我如果从人口着手，那末这就是一个浑沌的关于整体的表象，经过更切近的规定后，我就会在分析中达到越来越简单的概念；从表象中的具体达到越来越稀薄的抽象，直到我达到一些最简单的规定。于是行程又得从那里回过头来，直到我最后又回到人口，但是这回人口已不是一个浑沌的关于整体的表象，而是一个具有许多规定和关系的丰富的总体了。第一条道路是经济学在它产生时期在历史上走过的道路。例如，十七世纪的经济学家总是从生动的整体，从人口、民族、国家，若干国家等等开始；但是他们最后总是从分析中找出一些有决定意义的抽象的一般的关系，如分工、货币、价值等等。这些个别要素，一旦多少确定下来和抽象出来，从劳动、分工、需要、交换价值等等这些简单的东西上升到国家，国际交换和世界市场的各种经济学体系就开始出现了。后一种显然是科学上正确的方法。具体之所以具体，因为它是许

①胡风：《辩证法与江湖诀》，见梅志、张小风整理辑注：《胡风全集》第4卷，湖北人民出版社1999年版，第19页。

多规定的综合,因而是多样性的统一。因此它在思维中表现为综合的过程,表现为结果,而不是表现为起点,虽然它是现实中的起点,因而也是直观和表象的起点。在第一条道路上,完整的表象蒸发为抽象的规定;在第二条道路上,抽象的规定在思维行程中导致具体的再现。因而黑格尔陷入幻觉,把实在理解为自我综合、自我深化和自我运动的思维的结果,其实,从抽象上升到具体的方法,只是思维用来掌握具体并把它当做一个精神上的具体再现出来的方式。但决不是具体本身的产生过程。①

在初读《小逻辑》数十年之后,王元化回忆说,黑格尔对知性问题的精辟论述,最先让他认识到的是,在认识论方面,完全有用"感性—知性—理性的三段式去代替""感性—理性的两段式"的必要。后一种两分法的明显缺陷在于,它"很难将知性放到正确的位置上,甚至还可能把它和理性混为一谈"。而"知性和理性虽然都是对感性事物的抽象,但两者区别极大,知性具有从辩证观点来看属于形而上学的性质,并不可能达到对事物的全面的、本质的和内在联系的认识"②。因此,"把知性和理性区别开来",有助于"在认识论或方法论上","划清辩证法和形而上学的界限"③。

令王元化感到"欣喜万分"的是,他的这一想法在马克思对"由抽象上升到具体"的诠释中得到了印证。因为在这段话的开头部分,马克思非常明显

---

①转引自王元化:《重读〈小逻辑〉》,见王元化:《读黑格尔》,百花洲文艺出版社 1997 年版,第14 页。这一段是王元化摘录《小逻辑》20 节并"参阅 24 节"黑格尔关于表象和知性的论述后所作的"笔记"。除了这一段全文抄录以外,王元化至少还在摘录《小逻辑》38 节、80 节之后的"笔记"中,都对马克思的这段文字和"从抽象上升到具体"的方法作了细致分析。见《读黑格尔》第 17—18 页、第 24—25 页。

②王元化:《序》,见王元化:《读黑格尔》,百花洲文艺出版社 1997 年版,第 3 页。

③王元化:《论知性的分析方法》,见王元化:《文学沉思录》,上海文艺出版社 1983 年版,第 21 页。

地“运用了感性—知性—理性三段式”①:“从浑沌的关于整体的表象开始(感性的具体)—经过理智的区别作用作出抽象的规定(理智的抽象)—通过许多规定的综合而达到多样性的统一(理性的具体)。”

在这段话的后一部分,马克思紧接着对比了政治经济学方法的两条道路:“第一条道路”“是十七世纪古典经济学家所采取的知性分析方法”,“把完整的表象蒸发为抽象的规定”;“第二条道路”则“是历史唯物论者所采取的辩证方法”,“使抽象的规定在思维行程中导致具体的再现。”“古典经济学家”“以‘思维着的悟性(知性)’作为衡量一切的尺度”,他们“坚执着理智的区别作用,从完整的表象中找出一些有决定意义的、抽象的一般关系就停止下来”,但“马克思认为,科学上的正确方法,不能停留在单纯的分析上,而必须由抽象上升导致具体的再现”。王元化说,“这最后一个步骤就是马克思所提出的‘由抽象上升到具体’的方法的要旨所在”,同时也表明,“辩证方法并不排斥理智的区别作用”,而“囊括了理智的区别作用于自身之内”。②

>> 王元化的《清园论学集》,上海古籍出版社 1994 年版。

---

①王元化:《序》,见王元化:《读黑格尔》,百花洲文艺出版社 1997 年版,第 3 页。

②王元化:《关于“由抽象上升到具体”》,见王元化:《清园论学集》,上海古籍出版社 1994 年版,第 308 309 页。

说起来似乎令人难以置信，审查结束后，王元化被定为“胡风反革命集团”骨干分子，而据称，胡风文艺思想的最主要罪名是“反马克思主义”，但在隔离审查期间，王元化却真真切切地从马克思的经典著作中获得了某种灵犀相通的知音感。这才有了王元化晚年自述中奇妙的情感体验和反应：

那时我在隔离中，虽然前途茫茫，命运未卜，却第一次由于思想从多年累积的因袭成见中解放出来，而领受了从内心迸发出来的欢乐……①

几乎可以肯定，能够获得这种思想相通、彼此印证的感觉，也是王元化将自己隔离审查后期的马克思主义经典原著的阅读范围，很快集中在马克思的著作，尤其是《资本论》（第一卷）上的重要原因。

但同样不容否定的是，思想的自由有时非但不能改变，甚至还会加剧个人实际处境的艰难。王元化在晚年的自述中说过这样一段话：

艰难岁月也使人有可能将环境施加在自己身上的痛楚，转化为平时所不容易获得的洞察力。……没有经受环境施加给人的无从逃避的刺激，就不可能产生这种深沉的思索。这是在远离尘寰的书斋中通过苦思冥想所不能得到的。

在这段非常通达的自述背后，我们还应该能够逆推出，在王元化所获得的思想洞察力的背后，是并非他自己“所追求、所愿意”付出的重大代价：时

①王元化：《序》，见王元化：《读黑格尔》，百花洲文艺出版社1997年版，第3页。

代的“动荡”和“宁静生活”的“丧失”,命运的“严酷”以及身受的“无从逃避”的“痛楚”①。

三、思辨的力量和秘密

尽管知性概念主要让王元化洞察到了认识论的缺陷和方法论的偏差,但王元化检验和确证文艺理论问题的初衷一刻也没有松懈。

按说,《关于“由抽象上升到具体”》是王元化在沉默了二十多年之后于新时期所发表的第一篇哲学论文,但明显可以看出,王元化的立论基点和阐述方式却始终不离他对文艺理论问题的关注,因此在文章的第一段就突兀地从政治经济学牵连出了“艺术思维”:

> 我以为政治经济学的科学方法正如艺术思维一样,是以它的特定方式来体现由感性到理性的认识规律的。艺术思维以形象为材料,始终围绕着形象来进行。政治经济学的方法则以范畴为材料,始终围绕着范畴来进行。②

与此相应,在总共只有四段的不长的文章当中,整整最后一段,又完全用来说明“作为政治经济学科学方法起点的感性认识”与“作为艺术思维起点的感性认识”之显著区别:“虽然两者都属于感性范畴的表象”,但前者由“外界感性材料所构成的表象”往往以“普遍的思想形式呈现出来”,而“文

①王元化:《序》,见王元化:《清园论学集》,上海古籍出版社1994年版,第2—3页。

②王元化:《关于“由抽象上升到具体”》,见王元化:《清园论学集》,上海古籍出版社1994年版,第308页。

学艺术家从外界所摄取的表象"却必须"凭借感觉形式出现"。

王元化最后还说：

> 倘使我们不去探讨这两种不同表象的区别，而只是简单地用从感性到理性的认识规律笼统地把艺术和科学的思维活动一律相绳，那么就不可能对形象思维的探讨再深入一步。①

>> 王元化的《文学沉思录》，上海文艺出版社1983年版。

事实上，最后一段文字，后来真的成了王元化另一篇以《形象思维杂记集录》为总标题的文章的一部分，分标题则为《应区别两种不同的表象》②。

王元化的举动很容易让人想起胡风。因为后者一贯强调文学活动中的"感觉"和"感性机能"；而早在1942年，胡风就已经针对当时流行一时的诗歌"形象化"理论，首倡"形象思

①王元化：《关于"由抽象上升到具体"》，见王元化：《清园论学集》，上海古籍出版社1994年版，第310页。

②参见王元化：《形象思维杂记集录》，见王元化：《文学沉思录》，上海文艺出版社1983年版，第30—31页。

维”[①],并对这一理论问题作了初步的阐述。此外,区分艺术思维和科学思维,也是预防先进思想或世界观在文学作品中赤裸裸地出现,进而形成文学概念化的基础工作,而概念化也正是胡风一直不遗余力反对的文艺的主要痼疾之一。

王元化对文学概念化的防范在《论知性的分析方法》一文中获得了证实。这篇文章分成两个部分:第一部分主要是对知性概念的进一步充分阐释,第二部分则就“抓要害”这一知性观点在文艺理论界的种种表现进行批评。所谓“抓要害”,“就是要抓住主要矛盾和矛盾的主要方面”,以为这样“就抓住了事物的本质”。而王元化则指出:

> 事实上,由此所得到的只是与特殊性坚硬对立的抽象的普遍性,它是以牺牲事物的具体血肉(即多样性的统一)作为代价的。
>
> ……
>
> 分析什么是主要矛盾和矛盾的主要方面固然是重要的,但是仅仅到此为止是不够的,还应当更进一步象列宁所说的要研究事物的各个方面以及其间的种种联系。只有对事物作出这样全面的考察才能认识事物的整体,而不致象知性的分析方法那样支解了事物的具体内容,使之变成简单的概念,片面的规定,稀薄的抽象。

“抓要害”在文艺界最突出的表现就是“发芽滋长出”了“臭名昭著的

---

①对胡风“形象思维”思想的论述,请参见王丽丽:《胡风文艺思想的原生状态》,见王丽丽:《在文艺与意识形态之间——胡风研究》,中国人民大学出版社2003年版,第47—50页。另,胡风论述此问题的相关理论文章,参见胡风的《关于“诗的形象化”》《“形象的思维”观点的提出和发展》等文,分别见梅志、张小风整理辑注:《胡风全集》第3卷、第7卷,湖北人民出版社1999年版。

‘三突出’”。此外就是要求“一切从主题出发”。王元化批评说:“认为艺术作品一切都必须从主题出发这种来自知性的观点是对艺术的最大误解。”“文艺作品固然要表现生活的本质”,但是必须“通过生活的现象形态去表现”,“不能以去粗取精为借口舍弃生活的现象形态。相反,它必须保持生活现象的一切属性,包括偶然性”。

同样,“人物性格必须有一个主导的情志(如哈姆莱脱的复仇、夏洛克的贪吝等)”,但是“主导的情志不能是唯一的、单线的”,而应该“从多方面展开”“人物性格的复杂性”,使之“具有多样性统一的性质”。“一方面作为人物性格中的情志来说是普遍性的,否则就不能引起人们的共鸣;另方面作为个体的人物性格来说,又必须具有和其他人所不同的独特个性。”“艺术创造的真正困难”,即在于“作家怎样通过一条微妙的线索使上述两个方面统一起来”。知性的“理智区别作用的特点恰好在于把多样性统一的具体内容拆散开来,作为孤立的东西加以分析,只知有分,不知有合”,在矛盾的双方中“只突出其中一个方面,无视另一个方面,而不懂得辩证法的对立统一”。一旦普遍性“外在于个别性变成教诲之类的抽象普遍性,就必定会分裂上述的统一,使人物成为听命抽象概念的傀儡”。①

其实,单纯从知性概念出发分析文艺问题和作品,有时针对性还不显得那么显豁,但区分真正的思辨思维即辩证思维与常识习惯的知性思维,是贯穿《小逻辑》始终的一条主要线索。因此,一系列与知性概念相关的概念和区分也分别在文艺方面给予王元化以不同程度的启示,比如《小逻辑》161 节对总念(概念)运动的论述。王元化摘录如下:

---

①参见王元化:《论知性的分析方法》,见王元化:《文学沉思录》,上海文艺出版社 1983 年版,第 24—28 页。

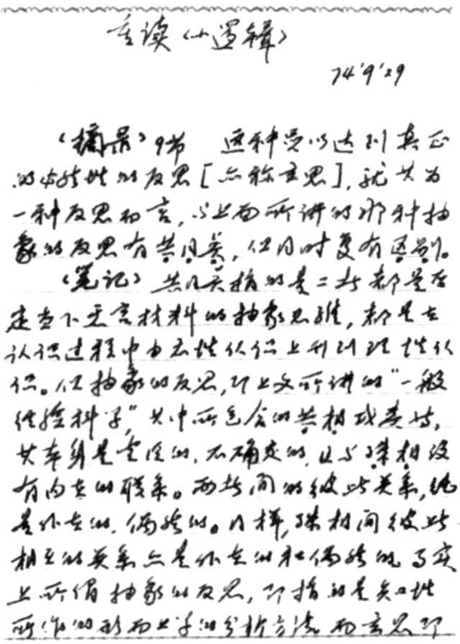
重读《小逻辑》

74'9'29

>> 王元化“重读《小逻辑》”笔记

总念的运动就是发展，在发展中惟有潜伏在其本身中的成分才得到发挥与实现。在自然界中，惟有有机的生命才相当于总念的阶段。比如，一个植物便是从它的种子发展出来的。种子已包含整个植物在内，不过只是在理想的潜在的情形下。但我们却不可因此便认为植物不同的部分，如根干枝叶等好像业已在极细微的形式下真实地存在于种子中。这就是所谓“原形先蕴”的假设，其错误在将最初只是理想方式内的东西认作业已真实存在。①

在这条“摘录”下面，王元化“笔记”下这样一种感想：

文艺创作的主题应是总念，而不能是知性的概念。作品的细节应潜在主题中，正如植物潜在种子中一样。细节是主题具体发展的结果。

①王元化：《重读〈小逻辑〉》，见王元化：《读黑格尔》，百花洲文艺出版社1997年版，第36—37页。

它对主题的关系，不应是外在的关系，而是由内向外实现自己的关系。①

这显然又是对上文提到的“必须通过生活的现象形态，去表现生活的本质也即作品的主题”这一见解，从另一个角度所作的更生动、贴切的阐释。

另外，黑格尔对概念（总念）的相关论述，还加深了王元化对典型问题的理解。在摘录《小逻辑》163 节、164 节之后，王元化分别有这样一条“笔记”：“典型性应是总念的而不能是知性的共同点”；“典型是一推论，包含着普遍性、特殊性、个体性三环节。”②

《小逻辑》163 节“附释一”辨析了“真正的普遍性或共相”与“仅仅的共同之点”：“一说到概念人们心目中总以为只是一抽象的普遍性，于是概念便常被界说为一个普遍的观念”，比如“颜色的概念，植物动物的概念等等”，“而概念的形成则被认为是由于排除足以区别各种颜色、植物、动物等等的特殊部分，而坚持其共同之点”。但其实，这只是“知性了解概念的方式”；真正“概念的普遍性并非单纯是一个与独立自存的特殊事物相对立的共同的东西，而毋宁是不断地在自己特殊化自己，在它的对方里仍明晰不混地保持它自己本身的东西。”两者的区别也可称作“单纯的共同点与真正的普遍之

---

①王元化：《重读〈小逻辑〉》，见王元化：《读黑格尔》，百花洲文艺出版社 1997 年版，第 37 页。三联书店版《小逻辑》中的“总念”后来修订为“概念”。王元化“摘录”部分新版译文供对照如下：“概念的运动就是发展，通过发展，只有潜伏在它本身中的东西才得到发挥和实现。在自然界中，只有有机的生命才相当于概念的阶段。譬如一个植物便是从它的种子发展出来的。种子已包含整个植物在内，不过只是在理想的潜在的方式下。但我们却不可因此便把植物的发展理解为：似乎植物不同的部分，如根干枝叶等好象业已具体而微地、真实地存在于种子中了。这就是所谓‘原形先蕴’的假设，其错误在于将最初只是在理想方式内的东西认作业已真实存在。”见商务印书馆版《小逻辑》，第 329 页。

②王元化：《重读〈小逻辑〉》，见王元化：《读黑格尔》，百花洲文艺出版社 1997 年版，第 37—38 页。

间的区别"[①],在其他地方也被叫作"抽象的普遍性"与"具体的普遍性"之别。

要理解王元化164节后的"笔记",首先要了解《小逻辑》对推论的定义:

> 推论是这样的一个规定,即特殊是普遍与个别这两个极端结合起来的中项。这种推论的形式,就是一切事物的普遍形式。因为一切事物都是将普遍与个别结合起来的特殊。[②]

王元化说,他在阅读《小逻辑》的当时,"最为服膺"的就是"三范畴即普遍性、特殊性与个体性的理论"。并且,恩格斯也"曾说这三个范畴始终贯穿并运动在黑格尔的逻辑学中,他对此甚为称赞"。王元化这样理解三个范畴理论:

> 在黑格尔那里,这三个范畴是紧密相联不可分割的。普遍性是自我同一的,又包含特殊性和个体性在内。特殊的即相异,或有特殊性格,又必须了解为它自身是普遍的并具有个体性。个体性为主体和基本,包含有种和类于其自身,并具有实质的存在。黑格尔认为任何事物都是一推论,就是说明一切事物都包含这三个环节于身(显然为"自"字之误——引者注)身之内。[③]

---

①参见[德]黑格尔:《概念论》,见黑格尔著,贺麟译:《小逻辑》,商务印书馆1980年第2版,第332—333页。

②[德]黑格尔:《逻辑学概念的初步规定》,见黑格尔著,贺麟译:《小逻辑》,商务印书馆1980年第2版,第84页。

③王元化:《序》,见王元化:《读黑格尔》,百花洲文艺出版社1997年版,第4—5页。王元化在《重读〈小逻辑〉》中"摘录"的就是黑格尔对概念的"明晰性"以及概念各环节的"不可分离性"的说明。

王元化还曾经将黑格尔的三个范畴，与中国先秦时期《墨辨》中的“达名”“类名”和“私名”相对照，对普遍性、特殊性和个别性做过更具体可解的说明：“《墨辨》所谓‘达名’是指普遍性范畴”，如“物”，“‘物’这个概念可统摄万有”；“‘类名’是指特殊性的范畴”，如“马”，“‘马’这个概念以区别牛羊，但又赅括一切不同形态的马在内”；“‘私名’指个体性范畴”，如“臧”，“‘臧’这个概念作为某一个体(人)的专名”①。

>> 王元化的《读黑格尔》，新星出版社 2006 年版。

我们大可不必那么狭隘，认为王元化思考典型问题，就一定只能与胡风理论有关。不过，如果我们用《小逻辑》的“三范畴”转而对照 1935 年胡风与周扬之间所发生的“典型”论争，确实可以不无遗憾地发现，如果两人当年有黑格尔这样明确的“三范畴”之分的意识，他们起初在普遍性和特殊性之间各执一词或者缠夹不清，原本都可以避免。虽然后来两人在论争中又逐渐意识到，典型须得把某一特定群体的特征个性化在一个活的人物身上，胡风还为此论述了“社会的物事”与“个人的物事”的统一关系，事实上已经接近了黑格尔意义上的“三范畴”(即普通性、特殊性和个别性)，但总还是不如黑格

①王元化：《达名、类名、私名与普遍、特殊、个别》，见王元化：《读黑格尔》，新星出版社 2006 年版，第 4 页。黑格尔在《小逻辑》24 节中举过一个类似的例子：动物、狗，但没有说及某条狗。因为黑格尔当时只在解释“理性是世界的共性”，还没谈及个别性。

尔的论述,既明晰又圆融。①

王元化"摘录"了《小逻辑》205 节中对"外在的合目的性"的论述:

> 一说到目的,一般人心目中总以为只是指外在的合目的性而言。依这种看法,事物不具有自身的使命,只是被使用或被利用来作为工具,或实现一个在自身以外的目的。这就是一般的实用的观点。

对此,黑格尔两次评论说:

> 实用的观点不足以达到对于事物本性的真切识见。
>
> ……
>
> 必须指出,即这种寻求目的的方式,将事物作为达到目的的工具的看法,不能使我们超出有限界,而且容易陷于贫乏琐碎的反思。②

王元化对这段"摘录"并未作太多申论,只有简短的"笔记":

> 神学目的论达到了实用主义。仅仅实用的观点是一种极坏的学风。科学的认识论的更高目的在于追求真理。③

没有迹象表明,王元化在阅读《小逻辑》这一节的当时一定想到过胡风,

---

①关于胡风和周扬的"典型"论争,请参见王丽丽:《胡风事件的历史探源》,见王丽丽:《在文艺与意识形态之间——胡风研究》,中国人民大学出版社 2003 年版,第 89—95 页。

②[德]黑格尔:《概念论》,见黑格尔著,贺麟译:《小逻辑》,商务印书馆 1980 年第 2 版,第 390—391 页。

③王元化:《重读〈小逻辑〉》,见王元化:《读黑格尔》,百花洲文艺出版社 1997 年版,第 39 页。

但胡风反对文学“工具论”和在理解文学效果方面的狭隘功利主义，坚持文学必须从自己的道路上，用表现真实的美学力量，为现实提供助益，应该也可以从黑格尔的论述当中汲取到肯定和支持的力量。

对于黑格尔哲学中所蕴蓄的能量，王元化深有体会。他有这样一段广为人知的自述：

> 自从读了黑格尔哲学以后，我成为黑格尔的景仰者。我觉得他的哲学具有无坚不摧扫除一切迷妄的思想力量。我曾经几遍几遍重读书前所载黑格尔在柏林大学授课前向听众所做的《开讲辞》：“精神的伟大的力量是不可低估和小视的。那隐闭着的宇宙本质自身并没有力量足以抵抗求知的勇气。对于勇毅的求知者，它只能揭开它的秘密，将它的财富和奥妙公开给他，让他享受。”我每次读了《开讲辞》这几句结束语，都会感到心情激荡，它体现了文艺复兴以来对人和人的思想充满信心的那种坚毅的人文精神。在那些愁苦的岁月中，它增加了我的生活勇气，使我在隔离中不致陷于绝望而不可自拔。从那时到现在已经数十年过去了。虽然我这些年不再像过去一样，怀有对于理性主义那种近于宗教式的热情，但我仍牢记黑格尔所说的“精神的力量是不可低估和小视的”这句话。①

王元化在这里回忆的显然是他隔离审查时期读《小逻辑》的情形。黑格尔1818年10月22日在柏林大学授课前所作的《开讲辞》就收在《小逻辑》一至三版序言之后、导言之前。对于《小逻辑》为王元化精神提供强力支撑

---

①王元化：《序》，见王元化：《读黑格尔》，百花洲文艺出版社1997年版，第2—3页。

以帮助其化解危机的作用，大家一般没有疑义。但为什么偏偏是《开讲辞》的这几句结束语，会在王元化身上引发格外剧烈的情感风暴，而且风暴的强度似乎还超出了他身上同样得自黑格尔的强大的理性主义理论武装，就是与他本人在面对现实的狂风巨浪之时所业已展现出来的定力和坚韧，也显得有些不大协调？

《开讲辞》的结束语还被王元化在别处多次引用和提及。在《读〈美学〉（第一卷）·读后札记》的开头和结尾，王元化两次分别提到黑格尔“在自己的研究领域内部”所表现出来的“那种认识真理的真忱”以及“追求真理的勇毅精神”，并且把《开讲辞》的这段话原样引作札记的结束语。

解开疑问的线索其实就隐藏在紧接着札记之后的《读后附释》第二条中，里面有王元化“感到必须再说”的“几句话”：

> 不难看出，我们是把这种追求真理的勇毅精神，作为过去一些在体系和方法上或在世界观和创作上发生着矛盾的杰出的思想家或艺术家能够在一定程度上作出伟大贡献的重要因素之一。但是长期以来，只要一提到这种表现在个人身上的精神素质对于过去那些自身具有矛盾的伟大思想家或艺术家曾起着巨大的影响，就会招来凶狠的攻讦，毁谤交加，詈骂纷至，种种恶谥都一古脑地加在你的身上，似乎这种观点已成为反对马克思主义的唯心论的同义语了。①

在王元化看来，“黑格尔本人和他的哲学”正是具体体现了“体系和方法

①王元化：《读〈美学〉（第一卷）·读后附释》，见王元化：《读黑格尔》，百花洲文艺出版社1997年版，第138页。

的矛盾”的复杂现象：

> 就他的哲学著作来说，在辩证法方面常常爆发出革命的愤火，在体系方面保守因素却占据了压倒优势，起着窒息作用。他在自己的工作领域里是“奥林帕斯山上的宙斯”，在政治态度上却“没有完全脱去德国的庸人气味”。①

对黑格尔身上所体现的矛盾，王元化的解释是，黑格尔在哲学上的杰出贡献，已经无可辩驳地证明，正是那种“认识真理的真忱”和“追求真理的勇毅精神”，使黑格尔的辩证方法摆脱了体系保守因素的窒息，使他的科学研究战胜了政治态度方面的庸人气味。

但这种对“个人身上的精神素质”的肯定和确信，却“长期以来”背负着“反对马克思主义”和“唯心论”的恶名。几乎遍读马恩经典的王元化明白，对反马克思主义罪名的最好反驳还必须源自马恩本人。恩格斯在《费尔巴哈与德国古典哲学的终结》中就曾指出：“认为信仰道德理想即信仰社会理想是哲学唯心主义本质的这种偏见，是在哲学领域以外”，“在那些从席勒诗歌中拾取了他们所需要的哲学知识断片的德国庸人中发生的”。对于此种德国庸人，恩格斯做出了明确的反诘：

> 外界对于人的影响显印在人的头脑中，在头脑中反映成为感觉、思想、动机、意志表现，一句话，就是反映成为“理想的力量”。如果一个人

①王元化：《读〈美学〉（第一卷）·读后札记》，见王元化：《读黑格尔》，百花洲文艺出版社1997年版，第111页。

>> 晚年的王元化

只因他有“理想的意向”并承认“理想的力量”对他的影响,就算是一个唯心主义者,那么任何一个稍稍正常发展的人就都是天生的唯心主义者了,于是就有一点不可以了解:世上怎么会有唯物主义者呢?

至此,我们不禁要问,王元化这仅仅是在解释黑格尔身上的矛盾吗?他为什么要在主要针对黑格尔的“体系和方法”的矛盾之外,似乎是不经意地又加上“世界观和创作”的矛盾呢?而且他确实在《读后附释》第二条的最后明确指出,“黑格尔所说的‘认识真理的真忱’”,“在黑格尔那里就从‘常常爆发出革命的愤火’的辩证法中体现出来;在巴尔扎克那里就从‘违反他自己的阶级同情和政治偏见’的现实主义中体现出来”①。

王元化心里的指向其实已经非常清楚了。在中国文坛,长期因为援引恩格斯有关巴尔扎克及其所体现的“现实主义的伟大胜利”的论述,而招致

①参见王元化:《读〈美学〉(第一卷)·读后附释》,见王元化:《读黑格尔》,百花洲文艺出版社 1997 年版,第 139 141 页。

"唯心主义"的指责和罪名的,不正是胡风吗?难怪王元化每每读到黑格尔《开讲辞》的结束语,总会"感到心情激荡"。因为尽管他在阅读的当时,就已经借力于《小逻辑》,在自己心里,为自己同时也为"胡风集团",洗刷了反马克思主义的唯心论罪名,但即将到来的是可以想见的愁苦和绝望的岁月,且一时难以望到涯岸。事实也正是如此,从那时到20世纪80年代的"拨乱反正",王元化还需要穿越一段长达二十余年见不到任何光亮的人生隧道。因此,他不仅需要对理性主义怀有"近于宗教式的热情",而且更需要远超出黑格尔的那种"认识真理的真忱"和"追求真理的勇毅精神"。

还剩下最后一个关键问题:黑格尔的《小逻辑》所主张的不是公认的客观唯心主义吗?

王元化对黑格尔哲学的唯心主义性质具有非常清醒的认识。他这样描述:"黑格尔哲学具有一整套系统完备的体系",这个体系由绝对理念的"自我综合、自我发展、自我深化的运动过程"演化而成:

> 首先,以理念自身作为出发点,然后理念将自己外化,转化为自然界。理念由自在阶段发展为自为阶段后,再进一步返回自身,终于在人身上重新达到自我意识。在黑格尔哲学体系中,这三个发展过程就表现为"逻辑学"、"自然哲学"、"精神哲学"这三大部门。

整个"体系毫无例外地总是遵循正、反、合的否定之否定律,即:自在—自为—自在自为这三个环节构成"。绝对理念成为整个体系的根本。王元化还指出,"黑格尔曾经花费很大力气用在体系的思考上",因此,如果"不能识破他的思辨结构的秘密,就很容易被他的体系所俘虏"。

王元化通过研究马克思《神圣家族》中的《思辨结构的秘密》,洞晓了黑格尔“绝对理念”的形成过程：

> 就其本来意义看，绝对理念不外是物质的抽象，正如果实这一实体概念是从梨、苹果、扁桃等等现实存在的水果中抽象出来的一样。但是，黑格尔从物质中抽象出理念之后，却把理念看作是不依赖于物质存在，相反，倒是产生物质存在的实体。
>
> ……
>
> 但是人们的常识不免要问：这个“一般果实”即作为现实水果的实体，又怎么会忽而表现为苹果，忽而表现为梨，忽而又表现为扁桃呢？思辨结构为了达到某种现实内容的假象，它需要从抽象的实体返回到丰富、生动、具体的现实世界上去。马克思指出，思辨哲学家对于这问题的回答是，因为“一般果实”并不是僵死的、无差别的、静止的本质，而是活生生的、自相区别的、能动的本质。千差万别的水果，只是“一般果实”的生命的不同表现。思辨哲学所要证明的正是“一般果实”在它的一切生活表现中，在苹果、梨、扁桃等等中的统一性，也就是证明这些水果的神秘的互相联系，证明“一般果实”怎样在这些水果的每一种中渐次地实现自身，并怎样必然地从自己的一种存在形式转到另一种形式。这样，思辨哲学家就把它自己从苹果的观念推移到梨的观念这种他本人的思维活动，说成是“一般果实”这个绝对理念的自我活动了。马克思说：“这种了解方式就是黑格尔方法的基本特征。”①

---

①王元化：《读〈美学〉(第一卷)·读后札记》，见王元化：《读黑格尔》，百花洲文艺出版社1997年版，第114页。

王元化认为：

> 我们只要识破思辨结构的秘密，就可以懂得黑格尔的辩证法往往是以颠倒的形式反映着客观事物发展过程的。当我们把黑格尔的头脚倒置的辩证法顺转过来，就可以发现其中蕴含着的合理的内核。[1]

不久，王元化还会严格遵照马克思的方法，同样完成对黑格尔《美学》（第一卷）的批判式清理和吸收。

可见，王元化读《小逻辑》，并不是仅限于阅读《小逻辑》，更不是将黑格尔的思想照单全收，而是严格地在马克思主义的指导下，批判地吸取黑格尔思想中已经经过马恩本人校验、确认甚至吸收的正确的部分，也就是合乎辩证唯物主义的部分。

这一点更清楚地体现在王元化《读〈美学〉（第一卷）》的第三条《读后附释》中。通过详细对比《小逻辑》和《反杜林论》中的部分文字，王元化得出结论："恩格斯对于以知性为出发点的形而上学的批判，几乎可以说是全部采纳了黑格尔的观点并加以发展的。"同时，他还发现，《反杜林论》中对"合乎所谓常识的"知性思维方式进行批判的一段话，"基本上也和黑格尔的论述近似"。恩格斯的这段话也不为我们大家所陌生：

> 形而上学的思维方式，虽然在相当广泛的、各依对象的性质大小不同的领域中是正当的，甚至必要的，可是它每一次都迟早要达到一个界

---

①王元化：《读〈美学〉（第一卷）·读后札记》，见王元化：《读黑格尔》，百花洲文艺出版社1997年版，第115页。

>> 王元化在故乡湖北江陵古城上。

限，一超过这个界限，它就要变成片面的、狭隘的、抽象的，并且陷入不可解决的矛盾，因为它们看到一个一个的事物，忘了它们互相间的联系；看到它们的存在，忘了它们的产生和消失；看到它们的静止，忘了它们的运动，因为它只见树木，不见森林。①

王元化在黑格尔与马克思主义经典作家的思想交集之处汲取方法和理论的营养。一方面，王元化固然是读懂了黑格尔；另一方面，他的马克思主义理论造诣也着实已经今非昔比。

①王元化：《读〈美学〉(第一卷)·读后附释》，见王元化：《读黑格尔》，百花洲文艺出版社 1997 年版，第 142—143 页。

第三章　王元化读莎士比亚

一、读莎历程与研究进路

单就个人的审美趣味而言，王元化最初喜爱的是质朴深沉、含蓄蕴藉的契诃夫，而不怎么欣赏莎士比亚。在早年，王元化还曾经把两者的剧作区分为“散文性戏剧”和“传奇性戏剧”。但命运的安排恰恰让富有“传奇性”的莎士比亚，成为王元化在隔离审查后期全神贯注阅读的三位作者之一。最直观的原因显然是，王元化本人的生活在那时开始变得极具“戏剧性”。据王元化自己说，当时最吸引他关注的是《奥赛罗》。在剧中，奥赛罗由于爱情理想幻灭、灵魂失去寄托而表现出来的“惨痛”和“绝望”，是如此“震撼人心”，以至于王元化“一下子”被他那种“像浩瀚的海洋般壮阔”的激情所“吞没”①，从而在灵魂

①参见王元化：《读莎剧时期的回顾》，见《王元化集》卷三《莎剧解读》，湖北教育出版社2007年版，第14—18页。

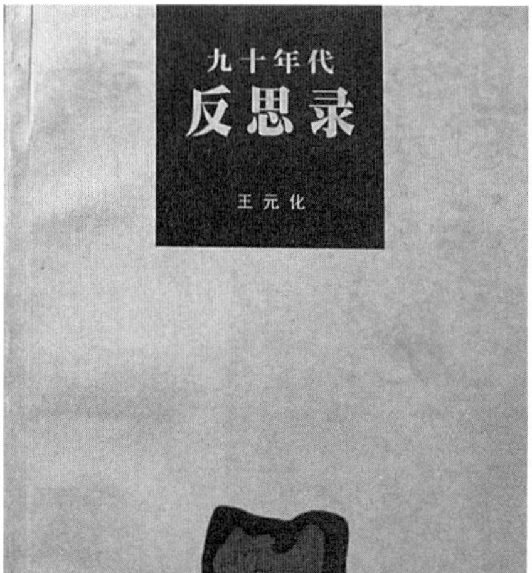

>> 王元化的《九十年代反思录》，上海古籍出版社 2000 年版。

深处，对奥赛罗的命运产生了强烈共鸣。由此可见，莎士比亚对王元化精神危机的舒解作用，是通过其汪洋恣肆和博大雄浑的剧作，在王元化身上引发亚里士多德意义上的“净化”效果而完成的。

其实，在王元化锁定的三位伟大作家之间，还存在着更内在和本质的相互关联。列宁曾说过，“不懂黑格尔的全部逻辑学就不能完全理解马克思的《资本论》，特别是它的第一章”①。王元化最初应该是出于列宁所说的目的才去读《小逻辑》的，但循此路径，他很快就发现，莎士比亚也

①周扬：《关于马克思主义的几个理论问题的探讨》，见周扬等：《关于马克思主义的几个理论问题的探讨——马克思逝世一百周年纪念论文选》，人民出版社 1988 年版，第 6 页。这句引文出自周扬文章的第二部分“要重视认识论问题”，该部分应是王元化执笔。

为马克思和黑格尔所共同熟稔，尤其是马克思，他可谓不折不扣的莎士比亚的热爱者。因此，阅读莎士比亚，也同样成为理解《资本论》和黑格尔的必需。这一点为王元化的真实阅读经验所证实。在《莎剧解读》一书的跋中，王元化留有这样的记载：

五十年代中期，我在读一九五三年版郭王合译的《资本论》第一卷时，发现书中涉及莎剧的地方不下十处，有些地方译者加注说明，有些地方由于译者不知道是出于莎剧而没有注明。例如第一卷第十二章第五节讲到门纳尼亚斯·阿格列巴（即朱译美尼涅斯·哀格利巴，Menenius Agrippa）的"无稽的寓言"，译者未作注释，我怎么也不懂马克思引用这件事是怎么一回事。费了很大力气才查出原来出于莎剧《科利奥兰纳斯》。查明典故，《资本论》的意思也就明白了。

>> 张可、元化（王元化）译著《莎剧解读》，上海教育出版社 1998 年版。

至于黑格尔，王元化一直想"抄录黑格尔《美学》中涉及莎剧的文字"，因为他感觉到，黑格尔总体上"是赞赏莎士比亚的，他对莎剧的分析往往烛隐发微"，颇多"独到之见"①。尽管这一想法最后未能付诸实施。

隔离审查结束后，王元化再次阅读莎士比亚的时候，就多了一些"安身立命"的意味了。王元化的审查结论一直到 1959 年底才做出，这也就意味

①王元化：《〈莎剧解读〉跋》，见《王元化集》卷三《莎剧解读》，湖北教育出版社 2007 年版，第36 页。

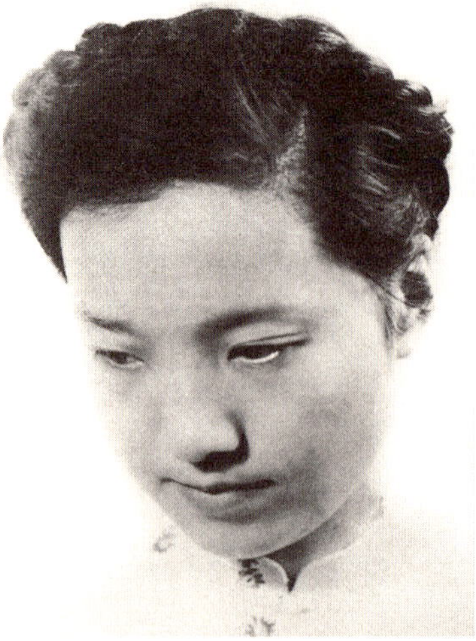

>> 年轻时的张可

着,从1957年2月22日一直到此之前的近3年时间中,王元化没有正式工作。无论从挣取家庭生活经费的现实需要,还是从知识人的习性爱好和精神追求出发,读书和笔耕都成了王元化不二的选择。父亲早年为王元化打下的英语功底此时显示出了它的适应性,王元化开始“为书店做些翻译工作”。王元化与莎士比亚的缘分还在于,妻子张可正好又“在上海戏剧学院戏文系从事莎士比亚的研究”。因此,夫妇俩逐渐“形成一种想法”:莎剧研究最好先从当时“还很少有人注意到”的“西方莎剧评论的迻译入手”[①]。这也是他们后来合作完成的译著《莎剧解读》的最初由来。但这一工作纯然出于两人对学术“虔诚认真”的“敬业精神”,因为“当时正是大跃进年代,思想界批判了厚古薄今”,“名洋古”全占的莎士比亚研究简直是逆时风而行,根本没有出版的可能。因此,王元化在亲手誊抄的译稿中,于每一篇题目下都悲壮地标注上“未刊印”的字样[②]。

《莎剧解读》不是现今一般意义上的译著。从最初在外文旧书店淘选和向友朋转借英文莎评资料开始,一直到翻译前的选文定篇、翻译时对所涉莎剧原文参照译本的甄选,最后到“译者附识”的撰写和“俄国作家论莎士比亚”的辑录,当时作为“化外之民”的王元化,每一个环节都做得那么有板有眼,

①参见王元化:《读莎剧时期的回顾》,见《王元化集》卷三《莎剧解读》,湖北教育出版社2007年版,第24—26页。

②王元化:《〈莎剧解读〉跋》,见《王元化集》卷三《莎剧解读》,湖北教育出版社2007年版,第32页。

完全合乎纯正的治学规范，并且乐在其中，大有以此为愁苦生活的寄托甚或以此为志业的意思。仔细品读全书，王元化研治莎士比亚的进路依稀可辨。①

在深入解读一个作家的作品之前，先从文学史入手，明确作家作品的定位，这可以说是文学研究的最常见路数。《莎剧解读》的第一篇《莎士比亚论》，就是张可据英译本转译的法国泰纳（Taine，1828—1893）《英国文学史》中论莎士比亚的一章。泰纳的文章共分九节，试图全面探析莎士比亚那种“得自天赐”的才能，包括“优美的敏感性”“万途竞萌的想像力”“不可思议的观察力”，以及透过剧本所体现出来的素质：“从未想到去抬高生活，而只是去描写生活”，但结果却可能“使自己的描写比原来的生活更强烈更鲜明”。泰纳还对莎士比亚剧作中的人物性格作了深入独到的分类型剖析，揭示了接受莎氏喜剧所必备的“幻想”机制。②

>> 1948 年与王元化结婚时的张可

王元化看重泰纳评论的原因，首先是因为泰纳是法国最早“以反古典派

①自然，《莎剧解读》是王元化伉俪合作的成果，但鉴于王元化最后誊抄了全部译稿，并在此基础上撰写了每一篇译文后的“译者附识”，且为了突出本评传的传主，因此将夫妇二人的共同思路放在王元化一人的名下述评。

②参见［法］泰纳著，张可译：《莎士比亚论》，见《王元化集》卷三《莎剧解读》，湖北教育出版社 2007 年版，第 52—133 页。

的观点比较全面地来论述莎士比亚”的评论家,而“法国十七世纪的古典派”是黑格尔认为“最不会了解莎士比亚”的人,但他们的艺术理论和品味却“统治了法国达两百年之久”。对于泰纳所运用的批评方法,王元化也比较赞赏:

> 他企图通过作品的分析,描绘出一幅作者的肖像,以显示作者的精神面貌。这种写评论的方法,可以说是另辟蹊径,别具一格。他在理论表述方式上也显示了强烈的艺术色彩。①

此外,对泰纳所属的“思想体系”、哲学思想、批评实践及其突破和局限,王元化都作了言简意赅的交代和评点。

王元化在外文旧书店的淘拣选购颇成系统,亦见章法:

> 西方把莎士比亚的研究分为英国学派和德国学派。在十八世纪末和十九世纪初,这两个国家的学者所写的评论莎士比亚的文章最多也最早。他们几乎都是以反古典派的浪漫主义观点去评价莎士比亚的,从而使莎士比亚在经过了长达两个世纪之久的冷遇之后,声名噪起,一跃而成为文坛上人人所崇敬的伟大艺术家了。在英国起着这种作用的头一个人是柯勒律治……②

---

①王元化:《莎士比亚论·译者附识》,见《王元化集》卷三《莎剧解读》,湖北教育出版社 2007 年版,第 150—151 页。

②王元化:《关于莎士比亚的演讲(选)·译者附识》,见《王元化集》卷三《莎剧解读》,湖北教育出版社 2007 年版,第 251 页。

王元化表示,“在英国涉学研究著作中”,他“最喜欢的是柯勒律治(S. T. Coleridge, 1772—1834)的《关于莎士比亚的演讲》”。在《莎剧解读》中,王元化从中选译了《关于莎士比亚的英国历史剧的札记》,并摘译了柯勒律治关于《理查二世》《李尔》和《罗密欧与朱丽叶》三剧的评论。王元化对柯勒律治结合《理查二世》剧本的具体幕和场对剧中主要人物的性格分析,抑或“从一句台词中揭示出人物的心理和性格”,显然印象都尤为深刻,因此他在“译者附识”中作了强调性质的转述。

对于王元化个人而言具有特殊意义的一点还在于,柯勒律治的诗歌和文章,曾经充当过他年少时期诵习英语时的教本,而《关于莎士比亚的演讲》则是其中他“读得较多”且“摘录”过“精美片断”的一篇。在“译者附识”中,被王元化指为理解《关于莎士比亚的演讲》的“一把钥匙”的一段话,就来自于早年摘录的重新译出:

> 缺乏对人的心灵的理解,或者在理解人的心灵时伴随而生的柔情和童贞的喜悦……缺乏这些以及由它们所产生的那种质朴,我深信没有一个人,无论他的学识是多么渊博,具有怎样的毅力去钻研典籍,他仍旧无法懂得也不配懂得莎士比亚的作品。①

二、以戏剧人物论为中心

英国著名的莎士比亚评论家威廉·赫兹列特(William Hazlitt, 1778—

①王元化:《关于莎士比亚的演讲(选)·译者附识》,见《王元化集》卷三《莎剧解读》,湖北教育出版社 2007 年版,第 253—254 页。

>> 莎士比亚

1830）的专著《莎士比亚戏剧人物论》也是王元化从外文旧书店里选购回家的，它同时也充任了王元化顺藤摸瓜进一步搜求莎评资料的重要线索。赫兹列特关于全书的序言写得比较独特，作者一开始就声明，“本书目的是企图用论证莎士比亚每个剧本的特殊方式”，来阐明英国诗人亚历山大·波普（Alexander Pope, 1688—1744）关于莎士比亚的一些论断：“要是哪一个作家够得上独创性的称号，那就是莎士比亚了”；“我们与其说他是自然的模仿者，还不如说他是自然的代言人”；“莎士比亚笔下的每个人物都像它们在生活中本来的面目一样具有个性”，除了“富有生命与变化无穷的特点以外”，还具有“惊人的一贯性”。

不仅如此，赫兹列特还在序言中不惜长篇援引德国席勒格（August Wilhelm von Schlegel, 1767—1845）具体分析莎士比亚“描写人物性格的博大天才”的文字，来“证明莎士比亚的卓越”，并以此批评自己的同胞约翰逊（Samuel Johnson, 1709—1784）博士对莎士比亚的不理解。赫兹列特认为，约翰逊“是一个具有渊博常识和实际智力的人，而不是一个具有天才和感受力的人”，其长处在于“教诲的理智的领域”，而“莎士比亚是‘唯一具有高度幻想’的诗人”，因此，前者所谙熟的“属于散文”的规律，“无法判断诗的高度和深度”。此外，赫兹列特的序言还提及一篇“大约在四十年前”出现的莎士比亚戏剧人物论方面的先驱之作《理查三世和麦克佩斯》，虽然他并没有弄清这篇文章的真正作者。①

赫兹列特所提供的线索，为王元化后来结集出版的《莎剧解读》至少又增加了两篇莎剧评论，一篇就是英国汤姆士·怀特莱(Thomas Whately, 1726—1772)的《理查三世和麦克佩斯》，另一篇即席勒格的长篇论文《莎士比亚研究》。

>> 张可、元化(王元化)译著《读莎士比亚》，上海书店出版社 2008 年版。

王元化撰写每篇译文后的"译者附识"，一般多着重于莎剧评论方面的学术史解说。在关于赫兹列特序言的这篇"附识"中，王元化在将赫氏的序言与约翰逊的《〈莎士比亚戏剧集〉序言》对照阅读后指出，约翰逊的文艺理论"更接近于十七世纪以来盛行一时的古典主义。他主要是吸取了亚里士多德的'摹拟说'和贺拉斯的'教益说'"，"是以理智为基础去衡量文艺作品的"。王元化基本赞同赫兹列特对约翰逊的批评："约翰逊对莎士比亚的评论""的确存在着赫兹列特所指出的那种'时褒时贬'的古怪现象。他的论点缺乏逻辑的一贯性，常常互相矛盾，他所赞扬的东西往往会一变而为他所指斥的目标。"王元化的独特之处在于，他将赫兹列特解释约翰逊无法理解莎士比亚的理由，与黑格尔著名的"知性不能掌握美"的论断直接关联起来：

①[英]赫兹列特著，元化(王元化)译：《〈莎士比亚戏剧人物论〉序言》，见《王元化集》卷三《莎剧解读》，湖北教育出版社 2007 年版，第 153—160 页。"波普"今亦有译作"蒲柏"，"席勒格"也有译作"史雷格尔"或"施莱格尔"的，其他中文译名都保留了王元化当时的译法。

正像赫兹列特所说的,约翰逊不理解莎士比亚,因为他的理智根本无法掌握美。①

戏剧人物论,也是王元化研究莎士比亚的最初思路。早在20世纪50年代初期,王元化就曾撰写过近十万言的《论莎士比亚四大悲剧》,分别探讨过哈姆雷特、奥赛罗、李尔王、麦克佩斯的性格②。隔离审查时期,《奥赛罗》又曾对王元化产生过类似精神疗救的功效。因此,翻译赫兹列特的《莎士比亚戏剧人物论》中的《奥赛罗》一篇,对王元化而言简直就是一个必然。但最终王元化对赫兹列特的评论并不十分满意,他这样评论后者:

他具有一定的鉴赏力,不过没有什么深度,缺乏创见卓识。他侧重于人物个性是对的,但他没有去分析性格的构成经过和人物在特定情境中的反应根源这些复杂方面,而只是把一切归之于人物的天性,就未免显得简单和肤浅了。③

王元化对奥赛罗性格的分析构成了他与赫兹列特的对话。"奥瑟罗是嫉妒的吗?"王元化问。其实,较早注意到这个问题的是普希金,而普希金从埃古对奥赛罗的评价——"轻信的人"中得到灵感回答说:"奥瑟罗并不嫉

①王元化:《〈莎士比亚戏剧人物论〉序言·译者附识》,见《王元化集》卷三《莎剧解读》,湖北教育出版社2007年版,第168—169页。王元化在"附识"中注明,约翰逊序言的中译载于《文艺理论译丛》1958年第4期。

②参见王元化:《读莎剧时期的回顾》,见《王元化集》卷三《莎剧解读》,湖北教育出版社2007年版,第4页。王元化的《论莎士比亚四大悲剧》这部"未刊"稿在"文革"当中被作者自行焚毁。

③王元化:《奥瑟罗·译者附识》,见《王元化集》卷三《莎剧解读》,湖北教育出版社2007年版,第187页。"奥瑟罗"今译作"奥赛罗",引文保持作品原貌。

>>《读莎士比亚》内页，上海书店出版社2008年版。

妒，相反，他轻信。”[①]王元化接着分析，如果可以将“轻信”看作奥赛罗的主导性格之一，那么奥赛罗因“轻信埃古”而“中了埃古的狡计，也并不是没有原因的”。

奥赛罗和苔丝狄蒙娜的恋爱悲剧发生在“违反当时社会常例这一点上”。这种“极为罕见的，而且也是舆论所不允许的”爱情，只有在苔丝狄蒙娜“这个理想主义的女性”身上才会发生，即使对“奥瑟罗本人来说”，“也是意外获得的幸福”；奥赛罗虽然深爱苔丝狄蒙娜，“可是除战争以外，他的人生经验很少”；最重要的原因还在于设计陷害他们的埃古这个人的性格：

> 埃古是这样一个人，除了你完全识破他的诡计，才能认清他的真正面目；否则，纵使你遭到他的暗算，你还会认为他是一个好人。[②]

①普希金的话在《俄国作家论莎士比亚辑录·普希金》部分略有不同：“奥瑟罗本性并不嫉妒，相反地，他很轻信。”

②王元化：《奥瑟罗·译者附识》，见《王元化集》卷三《莎剧解读》，湖北教育出版社2007年版，第188页。

王元化就奥赛罗的性格分析还有一个自问自答：

他是一个坚强的战士，经受过战火的无情考验，却经受不住爱情上的打击。为什么会这样？因为他也是一个理想主义者。爱情对于他不仅是爱情，而是珍贵的理想。①

当王元化再次援引奥赛罗由于爱情理想破灭而吐露的那段“震人心弦的告白”之时，仿佛让人再次真切地感觉到，奥赛罗的“绝望”，曾经在隔离审查期间的王元化内心，引发过怎样的惊涛拍岸。接着这段告白，王元化不仅这样反问：

有着这样浩瀚无边的广阔灵魂，能够说他仅仅是天生嫉妒的吗？②

而且，王元化还要求“每一个评论奥瑟罗的人，都应该牢牢记住”奥赛罗临终前的告白：

请你们老老实实照我本来的样子叙述，不要徇情回护，也不要恶意构陷。③

因为，奥赛罗的临终告白也是最令隔离审查时期的王元化“感动的章节之

①②③王元化：《奥瑟罗·译者附识》，见《王元化集》卷三《莎剧解读》，湖北教育出版社2007年版，第189页。

一”，而且这种感动在王元化“心中唤起的强烈情绪，一直保持最初的印象，久久没有消逝”：

珍惜自己的名誉，固然令人钦佩；珍重公正，则更令人敬重。①

明显可以看出，王元化对奥赛罗和埃古人物性格的论析，确实较赫兹列特更有深度。这不仅由于王元化苦难的人生经历赋予了他睿智和深邃，也因为王元化在批评实践中，切实地践履了自己在批评赫兹列特时所主张的方法：分析人物个性，不能忽视“性格的构成经过和人物在特定情境中的反应根源这些复杂方面”。

同样得益于赫兹列特的指引，王元化又开始翻译汤姆士·怀特莱的《理查三世和麦克佩斯》。尽管译文最终没有完稿，但怀特莱的写作意图和研究方法已经明显可见：通过比较“两个处境相同性格相反的人物”，使莎士比亚创造“性格突出的人物形象”这一优点更加明显。就好像理查三世和麦克佩斯，似乎再没有像他们两个那样，处境“如此相似”，性格“如此互异”。如果是“一个平庸的剧作家”，很可能“只是不分皂白地”把诸如“不忠、暴戾、专横”等“邪恶的品质赋予这两个人”，可是莎士比亚却“赋予同样的意图和行为以相反的内容和意义，并且使同样一件事对不同的性格发生不同的影响”②。

怀特莱也让王元化想起了另一位作者——莫里斯·莫尔根（Maurice Morgan）的一篇文章《论戏剧人物约翰·福斯塔夫》。莫尔根的文章与怀特

---

①王元化：《读莎剧时期的回顾》，见《王元化集》卷三《莎剧解读》，湖北教育出版社2007年版，第20页。

②王元化：《理查三世和麦克佩斯·译者附识》，见《王元化集》卷三《莎剧解读》，湖北教育出版社2007年版，第261页。

莱的《理查三世和麦克佩斯》"堪称双璧,可以说是在莎剧评论中从事人物性格分析的开山之作。它们在英国享有盛誉"。但正当王元化"即将译完莫尔根这篇文章的时候",他看到"《古典文艺理论译丛》发表了另一位译者的译文",于是就自动停止了翻译。最终,这篇"即将完稿"的译文又被遗失了,这更让王元化深感遗憾[①]。

三、比较的方法和视野

照理说,被赫兹列特竭力推崇的席勒格,应该算作在18世纪末至19世纪初浪漫主义思潮统治西欧之时莎士比亚研究"德意志学派"的代表。尽管王元化多方搜求"席勒格著作的英译本"的过程一波三折,后来"意外"[②]地从友人处借得《戏剧艺术与文学演讲录》,最后其中有关莎氏的篇章也由张可译出,由此填补了国内《莎士比亚评论汇编》中的空白[③],这就是《莎剧解读》中的《莎士比亚研究》一篇;但王元化仍然认为,席勒格"关于莎士比亚的论述","是远逊于他的前辈莱辛和歌德的"[④]。

这并不是因为席勒格名不副实,而是歌德(Goethe, 1749—1832)的见解确实"深刻""非凡"。《莎剧解读》中歌德的《论〈汉姆莱脱〉》("汉姆莱脱"现译作"哈姆雷特",后同。)是形式非常别致的一篇,它是张可将歌德著名的"成长小说"《威廉·麦斯特的学习时代》英译本中"论述《汉姆莱脱》的全

①参见王元化:《〈莎剧解读〉跋》,见《王元化集》卷三《莎剧解读》,湖北教育出版社2007年版,第34页。

②王元化:《读莎剧时期的回顾》,见《王元化集》卷三《莎剧解读》,湖北教育出版社2007年版,第23页。

③王元化:《小引》,见[德]歌德等著,张可、元化(王元化)译:《读莎士比亚》,上海书店出版社2008年版,第1页。

④王元化:《〈莎士比亚戏剧人物论〉序言·译者附识》,见《王元化集》卷三《莎剧解读》,湖北教育出版社2007年版,第169页。

文”译出，“共分七个部分”，并根据内容给每部分加上“小题日”[①]辑录而成。虽然署着歌德的大名，但严格地说，这些论述主要是小说主人公威廉·麦斯特作为导演，在排演《汉姆莱脱》一剧时，与他的同伴就剧中人物、剧本和表演等问题所作的探讨和理解。当然，将它们当成歌德的见解也不算错。

威廉对汉姆莱脱的理解是通过在想象中重构丹麦王子的形象这一方式来进行的，而重构所采取的一个重要手段就是提出一些很巧妙的问题，比如，“汉姆莱脱在他父亲死去以前早年性格”是怎样的？“他若是没有碰到这些遭遇会成为什么样的人”？而事实上，他一而再地遭受了重大的打击。第一个打击：紧接着“父亲出乎意料地死”去，他在叔父所说的“一些冠冕堂皇的谎言”背后，“看清楚自己将永远为叔父所弃弄”，那种一切他“从青年起一向视为己有的事物”“都失去了的感觉无法使他摆脱”；“第二个打击，把他伤害得更深，折磨得更重”：那便是“母亲的结婚”，“这比死亡把他的母亲夺去还坏”。就在他“真正感到意气消沉、孤独无助”的时候，“父亲的亡魂”又“召唤他去复仇”，并“直刺人心的再三反复”向他祈求：“你要记着我！”“苦恼与惊讶攫住了这个孤独的青年”，最后他发出了这样“意味深长的慨叹”：

> 这是一个颠倒混乱的时代。唉，倒霉的我却要负起重整乾坤的责任！[②]

---

①参见王元化：《论〈汉姆莱脱〉·译者附识》，见《王元化集》卷三《莎剧解读》，湖北教育出版社2007年版，第208页。

②[德]歌德著，张可译：《论〈汉姆莱脱〉》，见《王元化集》卷三《莎剧解读》，湖北教育出版社2007年版，第194页。

威廉“以为在这些话里面可以找到汉姆莱脱全部行动的关键”。下面这些精辟的议论和比喻，曾经在王元化写作未刊焚毁稿《哈姆雷特的性格》中被引用过：

很明显，莎士比亚的意思是要表现一个伟大的事业承担在一个不适宜胜任的人的身上的结果。……这是一颗橡树种植在一个高贵的盆子里，而这花盆只能种植可爱的花卉，树根伸长，花盆便碎了。①

对此，王元化评论说：

歌德是头一个从《汉姆莱脱》中揭示了理解全剧关键所在的人。在这一点上，迄今为止还没有别的人可以超过他，尽管后来的人写出的分析汉姆莱脱的文章汗牛充栋。②

威廉（歌德）对哈姆莱脱还有这样鞭辟入里的分析：

一个美丽、纯洁、高贵而道德高尚的人，他缺乏成为一个英雄的魄力，却在一个他既不能负担又不能放弃的重担下被毁灭了。每一个责任对他都是神圣的，这个责任却太沉重了。要求他做的都是不可能的

①［德］歌德著，张可译：《论〈汉姆莱脱〉》，见《王元化集》卷三《莎剧解读》，湖北教育出版社2007年版，第194页。

②王元化：《论〈汉姆莱脱〉·译者附识》，见《王元化集》卷三《莎剧解读》，湖北教育出版社2007年版，第208页。

事，这些事本身并不是不可能的，对于他却是不可能的。[1]

在《论〈汉姆莱脱〉》中，威廉（歌德）还有很多这样启人深思的问题。如“关于莪菲莉霞”：“诗人是不是应该给这个疯癫的少女另外一支歌曲？……为什么在心地高尚的少女口中会唱出含有双关意义的猥亵枯涩的东西？”关于剧本结构：为什么不把罗森克兰兹与基腾史登“压缩成一个人呢”？……相应地，每一个这样有趣的问题，都有同样想落天外同时又是入情入理的精妙回答。再举两例：

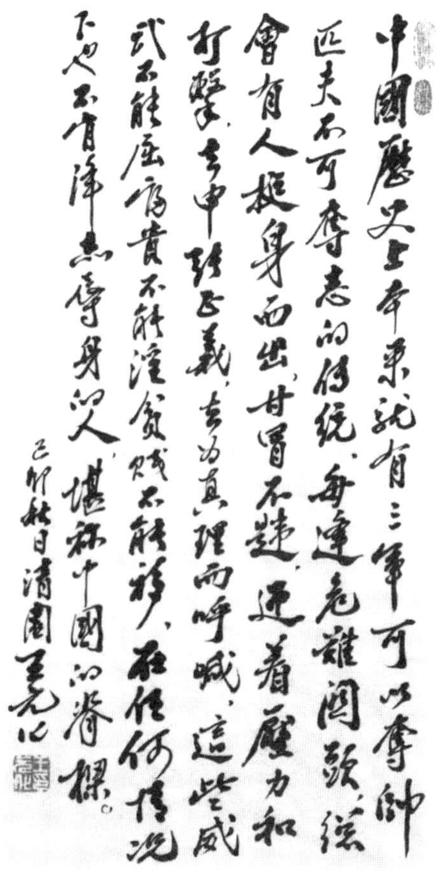
>> 王元化手迹

“你是不是坚决认为汉姆莱脱必须在结局的时候死去？”塞罗问。

“我怎么能让他活，”威廉说，“当整个剧本迫使他死去的时候？”

“可是观众愿意他活着。”

①［德］歌德著，张可译：《论〈汉姆莱脱〉》，见《王元化集》卷三《莎剧解读》，湖北教育出版社 2007 年版，第 194 页。

“难道我们可以任意违抗公认的艺术法则吗？引起公众所愿意的感情，而不是使他们感觉到他们所应有的感情，这是一种对于公众的虚伪的服从。”

……

“广大的观众应该受到尊敬，不能像小贩从孩子那里骗取钱财一样去对付他们。”①

在另一个地方，威廉向同伴这样表达自己对《汉姆莱脱》剧本的看法：

这个英雄没有计划，然而整个剧本是充分有计划的。……一件可怕的行为发生了，它带着它的后果向前滚转前进，甚至带累了无辜者……②

王元化将莱辛和歌德视作席勒格之前德国莎士比亚研究的“先驱者”，所以他一直坚定地认为，“关于英德两国在评论莎士比亚方面谁影响了谁的问题，应该认为是德国人领先的”，“就评论内容的深度来看，英国人也是远逊于德国人的”③。王元化是在关于英国尼古尔·史密斯（Nicole Smith）的《〈莎士比亚评论集〉序言》的“译者附识”里做出这番比较论断的。作为英文《莎士比亚评论集》的编选者，史密斯在《〈莎士比亚评论集〉序言》里声称：

①[德]歌德著，张可译：《论〈汉姆莱脱〉》，见《王元化集》卷三《莎剧解读》，湖北教育出版社2007年版，第196页。

②[德]歌德著，张可译：《论〈汉姆莱脱〉》，见《王元化集》卷三《莎剧解读》，湖北教育出版社2007年版，第202页。

③王元化：《〈莎士比亚评论集〉序言·译者附识》，见《王元化集》卷三《莎剧解读》，湖北教育出版社2007年版，第281页。

本书想要提供自莎士比亚逝世后至十九世纪中叶这一时期内关于莎士比亚的最伟大的评论文章，同时也想要显示批评的见解与方法的一般进展。①

很显然，王元化从史密斯的编著中获得过关于莎剧评论的系统参考，《莎剧解读》一书所收的所有“英吉利学派”莎评的作者，史密斯在他序言的历史勾勒中均有提及。但同时，王元化对史密斯的一些观点，也作了极为坦率的批评。史密斯比较推崇“两位早期的莎士比亚评论家”德莱登（John Dryden，1631—1700）和约翰逊，王元化则不客气地指出：

>>20 世纪 80 年代初的王元化

这两个人对莎士比亚的评论恰恰都是折中主义的大杂烩，他们一方面套用古典派的陈规把莎士比亚说得一钱不值，一方面也许是不想违反公众的爱好把莎士比亚说得天花乱坠。②

王元化读书很细，因此又发现了史密斯的“粗忽”之处：

①［英］尼古尔·史密斯著，元化（王元化）译：《〈莎士比亚评论集〉序言》，见《王元化集》卷三《莎剧解读》，湖北教育出版社 2007 年版，第 263 页。
②王元化：《〈莎士比亚评论集〉序言·译者附识》，见《王元化集》卷三《莎剧解读》，湖北教育出版社 2007 年版，第 279 页。

> 照史密斯看来,只要说莎士比亚是一位自然的诗人就等于说出了真理。……于是英国的评论从十六世纪开始直到十九世纪中叶一脉相承,形成了一种“自然的直接的发展”。史密斯忘记了把艺术当做生活的一面镜子这种观点最早是由莎士比亚本人提出来的(见汉姆莱脱对伶人谈话的一场戏)。除了这种不应有的粗忽之外,史密斯还忽略了一个更严重的问题,就是古典主义、浪漫主义赋予自然这个字的涵义是具有原则性的差异的。①

王元化对英德两国莎评的比较,也是针对史密斯“一再强调英国的评论并未受到德国评论的影响”这一主张而发的。在一定程度上,翻译史密斯的《〈莎士比亚评论集〉序言》,可以视作王元化对自己摸索、熟悉英德两国莎士比亚评论这一研究工作的某种概览总结及观点的校核。

在《莎剧解读》中,王元化的《俄国作家论莎士比亚辑录》也是重要的组成部分。在俄国作家中,王元化又格外重视别林斯基(1811—1848)的莎士比亚论。他自己的解释是,在19世纪评论家中,还没有一个人像别林斯基那样,“用现实主义观点对莎士比亚进行了多方面的探讨”,因为别林斯基是“把莎士比亚作为‘新艺术(即自然派)的肇始者’,因此,他在论述自然派的时候,总是要联系到莎士比亚”,原因在于“莎士比亚的作品显示着新艺术的黎明曙光”②。

确切地说,别林斯基用古典主义、浪漫主义、新艺术等概念,给王元化提供了一幅欧洲文学史的图景。别林斯基文学史图景的独特之点,在于他对

---

①王元化:《〈莎士比亚评论集〉序言·译者附识》,见《王元化集》卷三《莎剧解读》,湖北教育出版社2007年版,第280页。

②王元化:《俄国作家论莎士比亚辑录·辑录后记》,见《王元化集》卷三《莎剧解读》,湖北教育出版社2007年版,第377页。

浪漫主义的定位和理解。在他看来,“浪漫主义是一件陈旧的新鲜事,决不是十九世纪的子息”;可以说,浪漫主义是欧洲新教世界的“民族性”。因为“宗教改革在德国击败了天主教,同时也击败了古典主义”,所以“德国从最早起,就施政的封建形式和灵智活动的唯心论倾向来说,主要就是一个浪漫主义国家”;“这同一个宗教改革,纵然以稍为不同的形式,也解松了英国的束缚”,因而,“莎士比亚是一个浪漫主义者”。

在此宗教溯源的基础上,别林斯基道出了他对浪漫主义的理解:

> 浪漫主义不过是复归于艺术中的自然性,从而也是独创性和民族性,把思想看得比形式重要,以及推翻古代的紧窄而不相称的形式。①

莎士比亚“使诗歌和现实生活永远调和、结合了起来”,他与塞万提斯一道,最终完成了16世纪“艺术方面最后的改革”。因此,“他是真正的新艺术时期的明媚的曙色和庄严的黎明,他在许多新时代的诗人中间获得了反响,他们把那被法国古典作家所贬抑、凌辱的优点交还了艺术”。

别林斯基这里所说的“新时代的诗人”,“在十八世纪末叶”以歌德和席勒——“两位从研究莎士比亚开始其文学经历的伟大天才”——为代表;“在十九世纪初”,则有俄国的“新艺术”作家。别林斯基将这种肇始于莎士比亚和塞万提斯的俄国新艺术的特色,概括为“古典主义与浪漫主义的协调、同一性”:

> 这艺术,历史地直接地从后者延续下来,承继了它的无穷内容的全

①王元化:《俄国作家论莎士比亚辑录·别林斯基》,见《王元化集》卷三《莎剧解读》,湖北教育出版社2007年版,第348页。

> 部深度与广阔，用基督教生活更进的发展和新知识的获得去丰富它，这样地把浪漫主义内容的富裕和古典主义形式的塑型性协调了起来。[①]

仔细阅读王元化的每一篇“译者附识”，几乎可以肯定地断言，别林斯基的欧洲文学史图景，连同史密斯的英国莎评的学术史论述，共同构成了王元化理解和研究莎士比亚的基本参照坐标。

对于王元化个人生活而言，多亏有天性温良仁慈的夫人张可一直陪伴着，两人在博大精深的莎士比亚艺术世界里共同遨游，他才得以带着一生中美好的读莎回忆，度过了物质匮乏、精神本当十分愁惨的三年困难时期；对于王元化的学术生涯来说，《莎剧解读》“磨锐了王元化的审美鉴赏力和文学批评的眼光”[②]，同时也拓展了他的文学欣赏品味。鉴于《莎剧解读》的学术劳作早于《文心雕龙创作论》，因此，尽管读莎当时的王元化不可能预见到，但在客观上，《莎剧解读》为后来《文心雕龙创作论》的诞生，提供了一次正规的学术研究和写作的全方位预先演练。

---

①王元化：《俄国作家论莎士比亚辑录·别林斯基》，见《王元化集》卷三《莎剧解读》，湖北教育出版社 2007 年版，第 355 页。

②这是套用歌德的一个说法。歌德认为，在《汉姆莱脱》一剧中，“莎士比亚采用巡回伶人是有双重意义的”，其中之一在于“磨快了”汉姆莱脱“这个犹豫不决的青年人的良心”。见［德］歌德著，张可译：《论〈汉姆莱脱〉》，见《王元化集》卷三《莎剧解读》，湖北教育出版社 2007 年版，第 200 页。

>> 王元化和张可游杭州九溪十八涧，1992 年摄。

第四章 《文心雕龙创作论》的诞生

一、王元化解析《文心雕龙》

王元化研究《文心雕龙》，交织着诸多偶然和必然。1960 年，经过近三年的等待，王元化被安置在上海作家协会文学研究所，人生正式转入学术研究的轨道。此时，恰逢继 1958 年的“大跃进”以及接踵而至的三年自然灾害之后的调整时期，思想文化领域出现了一段“为期短暂的学术活跃时期”：

> 哲学界展开了科研方法的讨论，史学界对农民战争性质作出了新的估价，文学方面掀起以《文心雕龙》为代表的古代文论研究，连一直沉默的心理学也发出了声音……这些富有生气的理论活动，给学术界吹来阵阵清新的微风。[1]

---

①王元化.《序》，见《王元化集》卷四《文心雕龙讲疏》，湖北教育出版社 2007 年版，第 2 页。

早在1946年，王元化在国立北平铁道学院任教的时候，就曾选出《文心雕龙》若干篇当作教材。从1947年年初开始，王元化又就教于汪公严先生，接受后者以传统的解经方法讲授的《离骚》《文赋》和《文心雕龙》等书近一年。青年时期的授课体会和受学心得，在20世纪60年代开端这股活跃自由的学术之风的吹拂之下，萌发出了《文心雕龙创作论》写作的初芽。从文末标注的时间来看，该书上篇的第一篇文章《刘勰身世与士庶区别问题》在1961年就已经完成。但这一思想文化的“小阳春”仅仅只是昙花一现，随后“风云突变，一切也就烟消云散了”。值得庆幸的是，王元化却没有“因为突然的变故而中断了《文心雕龙创作论》的继续写作”①，并且在1966年“文革”爆发前夕，初稿基本完成。

王元化的论著虽然名为《文心雕龙创作论》，但书中多处散落着作者对《文心雕龙》结构和体例的全面把握和精到解析。

总的说来，“《文心雕龙》一书主要包括了三个部分，即总论、文体论、创

①参见王元化：《序》，见《王元化集》卷四《文心雕龙讲疏》，湖北教育出版社2007年版，第2—3页。这原是1992年8月上海古籍出版社出版的《文心雕龙讲疏》一书的序。

作论";"在写作方法上,刘勰把'史''论''评'糅合在一起"①。

总论部分主要是基于宇宙构成论之上的文学起源论。刘勰认为,"道(亦即太极)是派生天地万物包括文学在内的最终原因"。王元化则指出,"在刘勰的文学起源论中,'心'这一概念是最根本的主导因素";"通过'心'这一环节",刘勰"使道—圣—文三者贯通起来,构成原道、征圣、宗经的理论体系"②。对于总论部分的构成,王元化认同《序志篇》里的明白概括,"盖文心之作也,本乎道,师乎圣,体乎经,酌乎纬,变乎骚,文之枢纽,亦云极矣",主张将包括《辨骚篇》在内的前五篇都"作为总论看待"③。

"《文心雕龙》文体论自《明诗篇》至《书记篇》,辨析了二十种文体的源流",而且"把每种文体的产生都追溯到儒家经典上去,从而在文学史方面制定出一套先验的理论结构"④。不仅如此,"刘勰撰文体论诸篇大体都谨守一定的体例和格式,这就是《序志篇》所说的:'若乃论文叙笔,则囿别区分,原始以表末,释名以章义,选文以定篇,敷理以举统'。"王元化解释说:

> "原始以表末"是侧重于文体的沿革演进,属于"史"的方面。"释名以章义"是侧重于文体的特点和定义,属于"论"的方面。"选文以定篇"是侧重于对某类文体作家及其作品的品评,属于"评"的方面。"敷理以举统"则是集中地概括出理论性的结论。虽然刘勰的文体论并不

①王元化:《〈文心雕龙〉创作论八说释义小引》,见王元化:《文心雕龙创作论》,上海古籍出版社1979年版,第68页。

②参见王元化:《刘勰的文学起源论与文学创作论》,见王元化:《文心雕龙创作论》,上海古籍出版社1979年版,第41—49页。

③王元化:《〈辨骚篇〉应归入〈文心雕龙〉总论》,见王元化:《文心雕龙创作论》,上海古籍出版社1979年版,第176页。

④王元化:《刘勰的文学起源论与文学创作论》,见王元化:《文心雕龙创作论》,上海古籍出版社1979年版,第45页。

完全按照一定先后秩序整整齐齐地划做四段，时而也有参互行文的情况，但是基本上我们可以清楚地看出文体论的每一篇都是毫无例外地包括了这四个方面。①

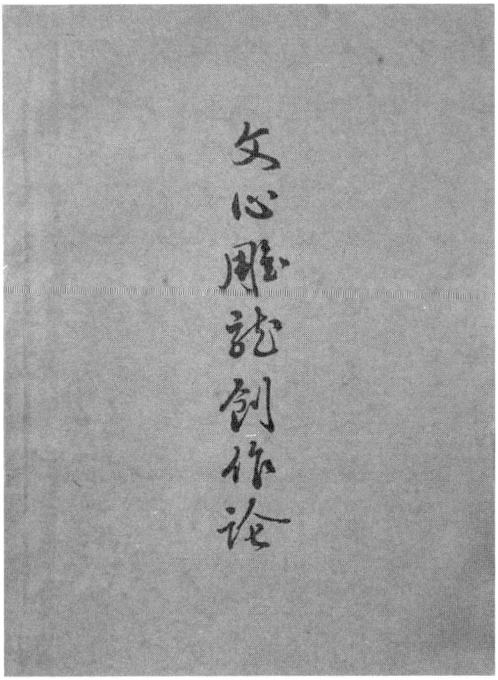

>> 王元化的《文心雕龙创作论》，上海古籍出版社1979年版。

这一点也成了"《辨骚篇》不应划归文体论"的有力反证，因为"《辨骚篇》的体例格式和文体论各篇"明显不合。

对于《文心雕龙》自《神思篇》至《物色篇》的创作论部分，王元化有两个基本判断：一是与范文澜一样，认定"《神思篇》是统摄创作论诸篇的纲领"；另一则可能是王元化的独特发现：

创作论诸篇的篇名，往往把两个具有不同意蕴的字组合成为一个词。单独来看，每个字具有特定的涵义。合起来看，则两个字组合成为一个完整的新概念。例如，《体性篇》：体、文体也，性、才性也，体性合称

①王元化：《〈辨骚篇〉应归入〈文心雕龙〉总论》，见王元化：《文心雕龙创作论》，上海古籍出版社1979年版，第179页。

则指风格。《风骨篇》:风、情或思也,骨、事或义也,风骨合称则指文学内容的生气灌注。《通变篇》:通言文理之常,变言文理之变,通变合称则指变今法古之术。……我觉得上述定篇命名之法是创作论诸篇篇名的通例。①

基于对《文心雕龙》各部分的分析和综合,在《文心雕龙创作论》出版多年之后,王元化还得出过两条总结。其一:

《文心雕龙》是中国古代文论的集大成者,它在内容上将史、论、评兼综在一起,读了这部书可以了解我国从先秦到南朝齐代的文学发展史,文学理论的原则和脉络,文学体裁的分类和流变,文学批评与文学鉴赏的标准和风格。总之,它可以说是当时的一部文学百科全书。②

在《文心雕龙创作论》的初版《后记》里,王元化特意说明,《文心雕龙》所具有的"系统完整"的"周密体系","倘撇开佛家的因明学"③的影响,恐怕难以解释。显然,文体论部分从"原始以表末"直至"敷理以举统"的体例四项,让王元化印象深刻:"其组织之靡密,结构之严谨,在当时堪称创举。"由此,王元化进一步判定,"刘勰《文心雕龙》的系统性、逻辑性,恐怕是中国古籍中最值得瞩目的。"对此,王元化分析说,"构成这种重逻辑的特色",除去"因明学的影响"之外,"刘勰也受到先秦名家乃至玄学家思辨思维的影响"。魏晋

---

①王元化:《再释〈比兴篇〉拟容取心说》,见王元化:《文心雕龙创作论》,上海古籍出版社 1979 年版,162—163 页。

②王元化:《一九八七年在瑞典斯德哥尔摩大学的演讲》,见《王元化集》卷四《文心雕龙讲疏》,湖北教育出版社 2007 年版,第 289 页。

③王元化:《后记》,见王元化:《文心雕龙创作论》,上海古籍出版社 1979 年版,第 238 页。

“名辨之学复昌，同时，佛书传入中土，其重逻辑精神又与玄学思辨思维合流”，最终构成《文心雕龙》“形成为一部具有完整体系的著作”的“学术背景”①。

可以明显看出，王元化对《文心雕龙》的研究，虽然主要系心于创作论，但胸中时刻怀有全书，或者也可以说，他是在对《文心雕龙》烂熟于心的基础上，从中“选出那些至今尚有现实意义的有关艺术规律和艺术方法方面的问题来加以剖析”。只是因为有关艺术规律和艺术方法方面的问题“几乎全部包括在创作论里面”，所以他就“以创作论作为主要研究对象”②。这也在一个方面解释了王元化最初将他的书稿命名为《文心雕龙柬释》的原因，因为“柬”在古代汉语中就有“选择”的意思。当然，“柬”亦可解释为“简略”，“柬释”也可以理解为“释义尽可能简洁明了”。

这种着眼一些侧面或部分但始终不忘全豹的特点在《文心雕龙创作论》一书的上、下篇结构中表现得尤其鲜明。如果仅从初版的书名来看，《文心雕龙创作论》上篇的三篇文章很可能显得毫不起眼，它们在全书中所占的篇幅不足三分之一，题目也不免显得有些老套，看起来更像是创作论研究之外的余文或者附缀。但细读之下即可发现，上篇其实提供了全书研究的整体框架，下篇的创作论八说只有镶嵌在这一整体框架之中，方才显得结构精严、理论内涵丰厚。表面看来，王元化在上篇试图解决的主要问题，就是厘定刘勰的身世，逐一考察他的阶级观点、世界观、宇宙观、文学思想以及一生当中不同阶段其思想所发生的改变，不可避免带有较强的时代印记。但实

①王元化：《一九八八年广州〈文心雕龙〉国际研讨会闭幕词》，见《王元化集》卷四《文心雕龙讲疏》，湖北教育出版社2007年版，第313—314页。

②王元化：《〈文心雕龙〉创作论八说释义小引》，见王元化：《文心雕龙创作论》，上海古籍出版社1979年版，第68页。

际上，除去个别特定时期的用语之外，这一思路既是中国传统的知人论世研究方法的自然延续，也合乎经典的马列主义观点的必然要求。

“刘勰究竟属于士族还是庶族”，这一问题之所以成为“研究刘勰身世的关键”，是因为“士族和庶族的不同身份以及由此形成的不同政治地位和社会地位，必然会经过间接折射反映到思想领域中来”。这也就决定了《刘勰身世与士庶区别问题》一文在“全面评价”刘勰的世界观和文学思想方面所发挥的关键作用。通过对刘勰远祖、近祖以及本人传记文献的仔细考辨，并印证以《文心雕龙·程器篇》“在许多场合都对士庶区别这一社会现象提出了批评”这样的思想观点，王元化令人信服地推翻了学界原有的“刘勰出身士族”的成说，证明“刘氏出身布衣庶族”。不仅如此，王元化还根据 1969 年江苏句容出土的“南齐刘岱墓志”①，对杨明照《梁书·刘勰传笺注》所制的刘勰世系表作了两处增补。

《灭惑论》是刘勰在《文心雕龙》之外现存的两篇文章之一，因此很自然就被很多论者当作“研究《文心雕龙》的补充资料”，尤其因为《灭惑论》中明确出现了“梵言菩提，汉语曰道”的说法，更令论者以为，《灭惑论》中的“道”，与《文心雕龙·原道篇》中的“道”是同一个概念，“两者可以互训”。

王元化首先提请人们注意的是，我国古代论著中存在的专有名词的“同语异义”现象，即“同一个专门名词不仅在属于不同流派的思想家那里时常具有截然异趣的意蕴，甚至就是在同一作家笔下也往往会出现不同涵义”。即如刘勰，王元化就认为：

①参见王元化：《刘勰身世与士庶区别问题》，见王元化：《文心雕龙创作论》，上海古籍出版社 1979 年版，第 3—21 页。

如果仔细考察一下《原道篇》和《灭惑论》的不同写作时期以及它们之间所显示的思想变化轨迹，那么就不难看出这两篇论著是在各自不同的涵义上使用“道”这一名词的。[1]

>> 写作《文心雕龙创作论》时的王元化

王元化的底气来自他对佛家名相和佛教在我国的传译史的熟悉和系统了解：

佛教于汉代传入中国，最初附于道术……当时谈论佛法的人，多不谙梵文原本，对佛教义学钻研未精，以致无法表达佛家的特有术语，只有借助于我国固有的名词来代替。例如……称佛教为“释道”，学佛则曰“为道”“行道”“学道”。

……

魏晋以来，佛书大量流入中土，译事方面有了长足的进步，原来由依附道术而形成的一些汉化佛学专门名词，逐渐改成梵语音译，还原了本来面目。（如旧译“无为”后改译成“涅槃”……旧译“本无”后改译成

①王元化：《〈灭惑论〉与刘勰的前后期思想变化》，见王元化：《文心雕龙创作论》，上海古籍出版社1979年版，第22—23页。

“真如”等等。)①

对照佛学传入史,王元化指出:

所谓“梵言菩提,汉语曰道”,不过是说明“菩提”这一梵语专名在早期佛学论著中往往用道字来代替。据此可知《灭惑论》所谓道,只是佛道一词的异名,为佛家专门名词,具有特定涵义,而并不与我国固有的道的概念相等。②

以此辨释为基础,王元化将“刘勰的思想发展过程”大体上“以他于梁天监初进入仕途为分界线,划分作前后两期”,认为刘勰的思想在前后两个时期发生了“巨大变化”,“前期思想本之儒家,后期思想则趋向玄佛并用”。

这又必然牵涉到“关于《灭惑论》的写作年代”问题。前此的研究者大多把《灭惑论》“归为刘勰入仕以前所作”,有的甚至还断言“作于《文心雕龙》之前”。他们推断的主要前提是《文心雕龙》撰于“齐明帝建武三四年”“刘勰襄佐僧佑[祐]撰成”《弘明集》等佛教诸书之后。但王元化却首先采信《广弘明集》卷二十七记载的僧祐的“同时代人”王曼颖书信中的说法,“把僧佑[祐]著作归为梁代作品”,并根据《弘明集》中“多录梁天监年间事”,证明“《弘明集》成书时期必在入梁以后”,从而“打破了《灭惑论》必定作于齐

①王元化:《〈灭惑论〉与刘勰的前后期思想变化》,见王元化:《文心雕龙创作论》,上海古籍出版社1979年版,第23—24页。

②王元化:《〈灭惑论〉与刘勰的前后期思想变化》,见王元化:《文心雕龙创作论》,上海古籍出版社1979年版,第24页。

代的说法”,然后再根据“采入彦和《灭惑论》”的《碛砂藏本弘明集》的题名“东莞刘记室勰”,推考《灭惑论》的写作年代,应在“天监三年正月以后……(至)天监七年十一月之前”,“刘勰任中军临川王萧宏记室时间之内”。他还同样佐以“内在证据”:“《灭惑论》在佛学思想方面”表现出来“比较突出”的三个特点,诸如“于释典中特别重视涅槃般若之学,而同时又不废禅法”;“玄佛并用的浓厚色彩”;“三教同源之说”,都“与梁武帝的佛学思想宗旨同符,理趣合轨”①。

《〈灭惑论〉与刘勰的前后期思想变化》与《刘勰身世与士庶区别问题》一样,表面看来都基本属于考据文章,但着眼点却在义理,也即刘勰思想的发展历程。因为无论是身世出身还是前后期思想的转变,都是梳理刘勰思想体系的必要环节,更何况辨析《灭惑论》中的“道”,已经顺理成章地引出了《文心雕龙》中最关键的《原道篇》。上篇的最后一篇文章《刘勰的文学起源论与文学创作论》,在某一方面也可以解读作王元化试图原刘勰之道。

《文心雕龙》前五篇的总论部分号称“文之枢纽”,而位于首篇的《原道篇》则可谓枢纽中的枢纽,因为刘勰在《原道篇》中“探讨了宇宙构成和文学起源问题”,用王元化写作年代的术语来说,《原道篇》是“刘勰的宇宙观和文学观的”集中体现,从中可见刘勰的世界观和对文学本质问题的理解。刘勰在《序志篇》里也曾表示,《文心雕龙》全书规定为五十篇,是取《易传》的“大衍之数”,而《系辞》称:“大衍之数五十,其一不用。”王元化指出,“所谓其一不用即指太极”,虽然“刘勰没有明言《文心雕龙》五十篇中哪一篇属于不用之一,但就全书的思想体系来看,显然指的是《原道篇》,因为他以为道(亦即

①参见王元化:《〈灭惑论〉与刘勰的前后期思想变化》,见王元化:《文心雕龙创作论》,上海古籍出版社1979年版,第22—28页。

太极)是派生天地万物包括文学在内的最终原因”。

王元化发现,对于刘勰“通过太极这一环节”,“使文学形成问题”和《易传》的“宇宙起源假说”“结合在一起”的做法,历来的研究者都“只是笼统地指出刘勰的原道观点反映了儒家思想”,而没有注意仔细分梳《原道篇》和《周易》之间密切而复杂的关系。微妙之处就在于,《周易》虽然“原是儒家的一部重要经典”,但“魏晋以来”,它又被玄学选作了“理论骨干”,并与《老子》和《庄子》一起“并称三玄”。“在这种情况下”,“仅仅根据《原道篇》本之《易》理这一点”,并不能“确定刘勰的原道观点”是否属于儒家,因为儒、玄两家对于《易》理“有不同的解释”①。

总的来说,“玄学据本体论解《易》,认为太极是本、是体、是无。”玄学到了王弼手里,被发展出了“一种精雕细琢的唯心主义”,“认本无而末有”。王元化解释说:

> 本无是指宇宙的本体,代表一种绝对虚玄的精神。末有则是由这个绝对精神外化出来的现象界……本无是宇宙的实相,又称为体。末有是宇宙的假相,又称为用。王弼释大衍义,以五十代表宇宙整体,而在此宇宙整体中,“其一不用”与“其用四十有九”之间的关系,亦即体用(或本末、有无)之间的关系。……另方面,本体是无,而无不可以无明,我们要认识无,必须因于有,只有通过宇宙万有,才能把握作为宇宙本体的无的存在。用玄学的术语来说,这就叫做体用一如,有无相即。②

---

①王元化:《刘勰的文学起源论与文学创作论》,见王元化:《文心雕龙创作论》,上海古籍出版社 1979 年版,第 41—42 页。

②王元化:《刘勰的文学起源论与文学创作论》,见王元化:《文心雕龙创作论》,上海古籍出版社 1979 年版,第 44 页。

儒学则“据宇宙构成论解《易》”,“多以‘元气’或‘北辰’去解释太极”,将太极认作“天地未分万物未形”之前的“混沌元气”或“宇宙最初状态”。

在儒、玄解《易》理路的分殊中,“刘勰的原道观点以儒家思想为骨干,这是不容怀疑的”,但王元化并不因此同意“把刘勰的宇宙观归定为唯物主义”,原因在于,“在什么是太极这个关键问题上”,刘勰“并没有作出明确的规定”。这在一定程度上也影响到了以宇宙论为基础的文学起源论。王元化这样解说:

> 《原道篇》所提出的文学起源论是把《易传》的太极说和三才说串联在一起。……照他看来,太极生两仪,两仪即天地,人与天地并生,同为三才。由于人为性灵所钟,是五行之秀,天地之心,所以由心产生了语言,由语言产生了文学。这就是他所说的“人文之元,肇自太极”的具体内容。他又把这一文学产生过程叫做“自然之道”。[1]

在对何为刘勰的“自然之道”的解释过程中,王元化的论述首先表现出了辨析精审的特点。他不同意黄侃在《文心雕龙札记》中引《韩非子·解老》的说法,将刘勰的“自然之道”视作是对“韩子之言”的效法:“案庄韩之言道,犹言万物之所由然。文章之成,亦由自然,故韩子又言圣人得之以成文章。”王元化特别指出,“《文心雕龙》处处都表现了对于法家的歧视”,刘勰在《诸子篇》中对商鞅和韩非“六虱五蠹,弃孝废仁”的批评“十分严厉”,因

---

①王元化:《刘勰的文学起源论与文学创作论》,见王元化:《文心雕龙创作论》,上海古籍出版社1979年版,第47页。

而“他的原道主张”应该“与韩非思想殊少关联”①。刘勰所说的“自然之道”“具有另一种涵义”：

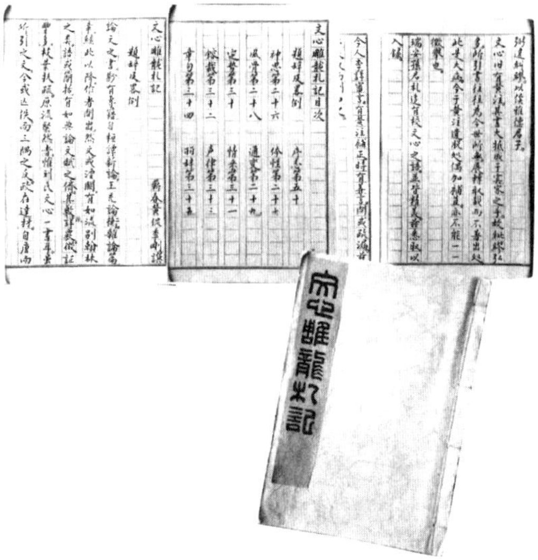

>> 王元化手抄黄侃的《文心雕龙札记》

> 刘勰把太极作为天地万物产生的最终原因。太极产生了天地，天地本身具有自然美（即所谓“道之文”）。太极在产生天地的同时，也产生了人（圣人），人（圣人）通过自己的“心”创造了艺术美（即所谓“人之文”）。道文、人文都来自太极，这就叫做“自然之道”。②

由《原道篇》的正文进一步深究，王元化认为，“不难看出，刘勰所说的‘自然之道’也就是‘神理’”：

①王元化：《刘勰的文学起源论与文学创作论》，见王元化：《文心雕龙创作论》，上海古籍出版社 1979 年版，第 62 页。在附于本篇文章之后的“附记”里，王元化摘录他的《韩非论稿》一文中的一部分，主要阐明了两个观点：其一，不能“直接把韩非解老的话作为老子本人学说的内容来看待”；其二，韩非用“核理而普至”即“切合事理普遍存在”的“德”的定义去补充老子的道之后，“就离开了老子崇自然的道德本义，由朴素的宇宙观一变为君主专制的霸术论”。

②王元化：《刘勰的文学起源论与文学创作论》，见王元化：《文心雕龙创作论》，上海古籍出版社 1979 年版，第 48 页。

"神理"即自然之道的异名。篇末《赞》曰:"道心惟微,神理设教。"二语互文足义,说明道心、神理、自然三者可通。据此,刘勰说的"自然之道",虽与人为人造的概念相对,含有客观必然性的意思,但这个客观必然性只是代表宇宙主宰(即神理)的作用,而不是指物自身运动的客观规律。①

最后一句话,是王元化用来反驳陆侃如、牟世金的观点的。陆、牟两人在《文心雕龙选译引言》中,"肯定刘勰的文原于道的主张贯彻了唯物主义思想,并断言'自然之道'就是'客观规律'或'宇宙间的真理'"。王元化论证的结论则是:

就刘勰文学起源论的思想根底来说,基本上是客观唯心主义的。②

斤斤纠缠于唯物、唯心的鉴定和标签,很可能会被今人不假思索地判定为特定时代留在王元化著作中的局限。殊不知,我们或可视之为时代留在王元化学术研究中的印记,但它们显示和反映出来的,恰恰是王元化试图突破和摆脱时代思维框架的努力。明显可以看出,在唯物主义等同于正确、进步,而唯心主义意味着反动和落后的时代,将刘勰的思想尽量解释出唯物主义的意味,为此动用诸如"客观规律"与"真理"这样现代的光辉字眼去比附,甚至曲为辩护和解说,其实是当时的一些学者为了《文心雕龙》研究的可以存续和学术著作的继续出版,所有意或者无奈选择的一种策略。对此,头戴

①王元化:《刘勰的文学起源论与文学创作论》,见王元化:《文心雕龙创作论》,上海古籍出版社 1979 年版,第 49 页。
②王元化:《刘勰的文学起源论与文学创作论》,见王元化:《文心雕龙创作论》,上海古籍出版社 1979 年版,第 48 页。

>> 王元化在日本京都大学作《文心雕龙》研究演讲。

"胡风反革命集团分子"帽子的王元化，不可能不明白这其中的委曲，但他依然坚持洗去涂抹在刘勰身上的这层"政治正确"的流行保护色，尽可能呈现出刘勰思想的本来面目，这一方面固然说明了王元化"学不干时"的书生本色和学术操守，另一方面也充分说明了坚持将刘勰的文学起源论判定为"唯心主义"的王元化，其学术思维在同时代学人当中，所接受的规训和改造的成分恰恰最少。

也只有在"儒家唯心主义"的判断基础之上，王元化才能对"心"这一概念在刘勰文学起源论中的"根本""主导"地位，做出恰如其分的阐明：

从"心生而言立，言立而文明"这个基本命题来看，他认为"文"产生于"心"。通过"心"这一环节，他使道—圣—文三者贯通起来，构成原道、征圣、宗经的理论体系。……照刘勰看来，儒家圣人之心合于天地之心,所以儒家经典之文即是自然之文。[1]

这也是王元化精妙解释《征圣篇》和《原道篇》篇末《赞》的根据。王元化说:“《征圣篇》全文主旨即在阐明圣人之心合于天地之心。”[2]篇末《赞》曰“妙极生知,睿哲惟宰”的“宰”字,“应解作‘主宰’或‘真宰’,代表心的意思”[3]。整句《赞》的大意是说,“圣人所以睿哲是因为圣人之心合于天地之心,而宇宙产生了充满智慧的圣人之心,实在有着极其神妙的道理”。

> 《原道篇》所谓“道心惟微,神理设教”,也同样是为了表明道心或神理的神秘性。不过,道心虽然是不可捉摸的,神理虽然是难以辨认的,但由于“元圣创典,素王述训,莫不原道心以敷章,研神理以设教”,圣人用来实行教化的经典却容易理解。[4]

正因为“圣心是道心的具现,经文是道文的具现”,因此,儒家圣人的经典也就成了“恒久之至道,不刊之鸿教”。

然而,王元化写作的年代仍然给他的学术研究划设下了禁区。对于王元化来说,探明《文心雕龙》的枢纽篇章《原道篇》及其所体现的文学起源论,是全面把握刘勰文学思想的关键和前提,但“儒学唯心主义”的实质和结论,又注定让王元化只能使用“极其混乱而荒唐的形式”“制约与局限”“不科学”“神秘”等接近完全否定性的描述与判断,否则他又有可能犯下新的政治性错误。因此,“刘勰的文学创作论”就几乎成了他将《文心雕龙》研究合法

①②④王元化:《刘勰的文学起源论与文学创作论》,见王元化:《文心雕龙创作论》,上海古籍出版社1979年版,第49页。
③王元化:《序》,见王元化选编:《日本研究〈文心雕龙〉论文集》,齐鲁书社1983年版,第7页。

化的较好理由，因为王元化是以恩格斯在客观唯心主义者黑格尔身上所发现的“原理和原理的运用之间，体系和方法之间，形式和内容之间”所“可能存在”的某种“矛盾”和“不一致的情况”，来类比刘勰以文学起源论为基础的思想体系与《文心雕龙》创作论之间的关系，并决心从前者“客观唯心主义”“先验结构的拘囿”中，打捞和拯救出“时时闪露出卓识创见”的后者。①而这也正是《文心雕龙创作论》下篇的主要工作。

二、《黑格尔论美的法则》

王元化自己说，他“最初读《美学》第一卷，已是七十年代了”，而且意图较为明确：“希望从中得到哲学的启迪。”②王元化后来正式出版和发表的关于黑格尔《美学》第一卷的笔记和札记文章，大多作于1976年和1977年前后，与他修订《文心雕龙创作论》初稿的时间基本相同。

出于批判地吸取《美学》中的合理因素的目的，王元化明确指出，在黑格尔《美学》这部“渊博浩瀚的巨著”中，“精华部分是关于美的法则的论述”，他同时还曾表示有意“写一篇《黑格尔论美的法则》”③的文章。尽管这一打算在后来的第三次反思中，被他自己当成“读了黑格尔以后所形成的对于规律性的过分迷信”④的思想表现之一而遭到自我清理，但在他初读《美学》之时，黑格尔对美的法则的论述，却直接启发了他在《文心雕龙创作论》中，对

①参见王元化：《刘勰的文学起源论与文学创作论》，见王元化：《文心雕龙创作论》，上海古籍出版社1979年版，第50—55页。

②参见王元化：《序》，见王元化：《读黑格尔》，百花洲文艺出版社1997年版，第7—9页。

③王元化：《读〈美学〉（第一卷）·读后附释》，见王元化：《读黑格尔》，百花洲文艺出版社1997年版，第144页。

④王元化：《序》，见王元化：《读黑格尔》，百花洲文艺出版社1997年版，第7页。

一系列“中外相通、带有最根本最普遍意义的艺术规律和艺术方法”①问题，展开比较性的考辨和探讨。这也成了他的这部论著后来在全国首届（1979—1989）比较文学图书评奖活动中无心插柳，获得荣誉奖的最根本原因。

>> 黑格尔的《美学》（第一卷），商务印书馆 1979 年第 2 版。

因为有了读《小逻辑》的历练和经验在先，王元化读黑格尔的《美学》显得相当的驾轻就熟。由于在黑格尔由“逻辑学”“自然哲学”和“精神哲学”这三大部门构成的哲学体系中，美学位于精神哲学的最初阶段，所以在美学体系中，“美的理念”从自身出发，分别外化成“自然美”和“艺术美”的历程，与绝对理念的自在—自为—自在自为的辩证发展过程，就构成了具体而微的对应关系。因此，马克思通过“识破思辨结构的秘密”，“把黑格尔的头脚倒置的辩证法顺转过来”，从而在黑格尔哲学体系中发现“蕴涵着的合理的内核”的方法，亦可同样套用于对黑格尔美学体系的批判。

黑格尔的美学论述大多从他对美所作的定义开始：“美就是理念的感性显现。”②对这个定义的一种理解是：“如果理念不是完善地直接地从感性中显现出来，那就不能认为是艺术的理想。”自然美之所以被黑格尔认作“美的

①王元化：《〈文心雕龙〉创作论八说释义小引》，见王元化：《文心雕龙创作论》，上海古籍出版社 1979 年版，第 69 页。
②[德]黑格尔著，朱光潜译：《美学》（第一卷），商务印书馆 1979 年第 2 版，第 142 页。

理念”发展的低级阶段，就是因为即便是“自然美的最高峰”，“人体这个构造最精的有机体”，如果作为“现实生活中的个别人物”，他的性格也并不能“在他的日常生活中的任何一个片断中可以完整地表现出来”，而“只是零碎地分散地表现在他的一系列的生活经验里面”，“因而，就每一断片来说，他的完整性格仍然是内在的，受到局限的，并且是互相依存的”。这也就是自然美的缺陷。

“艺术的理想就是为了排除这种自然美的缺陷”①。黑格尔对“艺术美的理念或理想”的要求是：“理念和它的表现，即它的具体现实，应该配合得彼此完全符合。”②王元化认为，“所谓理想就是指的艺术美。艺术美要求事物的外在形象必须完善地表现它的内在本质”。这就涉及“现象和本质的关系问题”。王元化这样论述：

> 按照黑格尔的艺术理想来说，作为内在本质的东西，必须直接显现于感性事物中，由抽象的概念转化为具体的形象，提供为感性的观照，而不能通过思考去掌握。③

但是，

> 在现实生活中，一个完整的性格在自然形态的生活断片中仍呈现分裂状态，还不是成为一种可以看得见的内在联系，直接呈现于感性观

---

①王元化：《读〈美学〉（第一卷）·读后札记》，见王元化：《读黑格尔》，百花洲文艺出版社1997年版，第117页。

②［德］黑格尔著，朱光潜译：《美学》（第一卷），商务印书馆1979年第2版，第92页。

③王元化：《读〈美学〉（第一卷）·读后札记》，见王元化：《读黑格尔》，百花洲文艺出版社1997年版，第118页。

照，而只能成为思考的对象。[①]

因此，

要使自然美升华为艺术美，就不能单纯地去摹拟自然，而必须对自然美再进行艺术的加工。按照黑格尔的说法就是"使无数的个别性相由分裂状态还原到统一，以便集中成为一个表现和一个形象。"这就是艺术的概括。[②]

王元化认为这种"艺术概括"，也"正是典型论的萌芽"：

在艺术的概括中，自然美的缺陷，即客观事物的内在性、依存性和局限性被克服了。在艺术创造出来的"一个表现和一个形象"中，外在形象完全符合它的本质，并且就在外在形象中可以直接地见到它的本质。[③]

不过，令王元化感到遗憾的是，这样一个"包含着合理因素"的思想，却被黑格尔用作证明"一个错误的命题"，即"艺术美高于自然美"的主要论据。这可以说"是黑格尔的思辨哲学无法避免的谬误"，而正确的理解应该是：

人们不满足于自然美而要求艺术美，是由于人通过自己的主观能动性……去揭示现实生活的真实性，而并不是艺术美高于自然美。艺

①②③王元化：《读〈美学〉（第一卷）·读后札记》，见王元化：《读黑格尔》，百花洲文艺出版社1997年版，第118页。

> 术家不能用理想代替现实,或把美的理念化为现实的形象,他只能能动地反映现实,再现现实,并且只能"近似正确地"(列宁)反映现实。……任何杰出的艺术品都不可能绝对完善地反映现实。①

可以看到,在黑格尔的美学体系中,不仅"自然美和艺术美的关系是颠倒的",而且"美的理念"还先于自然美而独立存在。这当然是黑格尔"体系的需要",但实际上,依马克思探明"绝对理念"来源的方法去类推,即可发现,黑格尔所谓"美的理念","正是他在《自然生命作为美》的部分中对生命有机体作了周密研究之后","从作为生命的自然美中概括出来的","主要是把关于生命有机体的一些带有规律性的东西加以规范化,以更提炼更精确的形态表述出来"而已。于是,"从体系看似乎是黑格尔《美学》中最唯心的"部分,"就其内容来说,却是现实的"。就这样,王元化对头脚倒置的黑格尔美学体系也完成了顺转。

仍然回到黑格尔对美的定义。在解神秘化之后,"美的理念"实际上也"就是客观存在的真实性在感性事物中的显现"。这里的重点是,在"理念"之前冠以一个"美"字,即意味着,"在美学里,真实的理念不像在哲学里那样以普遍性的思考形式出现,而是以个体性的感性形式显现出来"。美,即概念"直接和它的外在现象处于统一体"中,这就是美的统一体。由此出发,黑格尔推演出了"一些美的法则"。②

在此,王元化又发现了他在读《小逻辑》时"最为服膺"的总(概)念论的

---

①王元化:《读〈美学〉(第一卷)·读后札记》,见王元化:《读黑格尔》,百花洲文艺出版社 1997 年版,第 118 页。

②王元化:《读〈美学〉(第一卷)·读后札记》,见王元化:《读黑格尔》,百花洲文艺出版社 1997 年版,第 119 页。

三范畴：普遍性、特殊性和个体性。在美的统一体中，这三个范畴体现为基于近乎合纵连横基础之上的内外互渗统一的辩证关系：

具有普遍性的内在本质方面和特殊个体的外在现象方面可以互相渗透。普遍性的内在本质可以把特殊个体的外在现象统摄于自身之内，同时，特殊个体的外在现象也可以把普遍性的内在本质宣泄于外，从而形成各差异面的和谐一致。[①]

对此，黑格尔论述的"美的法则"首先是否定性的："知性不能掌握美。"[②]在这一点上，《美学》显然与《小逻辑》保持了高度一致。总的说来，美的统一体中所体现的"对立统一的辩证法是知性所不能理解的"，"因为知性的特点乃在于'抽象'与'分离'"，"知性用来称谓对象的概念或名词，乃是主观的现成的表象，是外加给对象的"。因此，

如果用知性来掌握美，就会把美的统一体内的各差异面看成是分裂开来的孤立的东西，从而把美的内容仅仅作为一抽象的普遍性，而与特殊性的个体形成坚硬的对立，只能从外面生硬地强加到特殊的个体上去，而另一方面，作为美的形式的外在形象也就变成只是拼凑起来勉强粘附到内容上去的赘疣了。这就破坏了美的和谐与统一。[③]

---

①③王元化：《读〈美学〉（第一卷）·读后札记》，见王元化：《读黑格尔》，百花洲文艺出版社 1997 年版，第 120 页。

②王元化这里沿用了贺麟先生在《小逻辑》中的译法"知性"，朱光潜先生则译成："知解力是不可能掌握美的。"见[德]黑格尔著，朱光潜译：《美学》（第一卷），商务印书馆 1979 年第 2 版，第 143 页。

如果改用肯定的方式，“这条美的法则”则又可以这样表述：

在美的对象中，概念和实在都必须是从事物本身发出来的。[①]

王元化指出，这条法则显然“是从生命有机体的规律中概括出来的。在生命有机体中，概念和实在这两个差异面的统一，就是灵魂与身体的统一。……它们之间的关系是一种有机的内在联系。灵魂把生命灌注在身体的各部分之中”，“在感觉中”表现出来，并“弥漫在全身”，但“同一身体上”“却只有一个感觉者”和“感觉的主体”。

美的法则也是这样。在艺术作品中，内容意蕴和表现它的外在形象必须显现为完满的通体融贯。内容意蕴作为艺术生命的主体，把生气灌注到外在形象的各部分中去，使它们活起来。外在形象的各部分都弥漫同一内容意蕴灌注给它们的生命，而形成和谐一致的有机体。[②]

除了内容意蕴和外在形象的和谐一致之外，作为统一体的美的对象还体现了必然性和偶然性的辩证统一。黑格尔在《美学》中有这样的论述：

美的对象必须同时现出两方面：一方面是由概念所假定的各部分协调一致的必然性，另一方面是这些部分的自由性的显现是为它们本

①王元化：《读〈美学〉（第一卷）·读后札记》，见王元化：《读黑格尔》，百花洲文艺出版社 1997 年版，第 120 页。

②王元化：《读〈美学〉（第一卷）·读后札记》，见王元化：《读黑格尔》，百花洲文艺出版社 1997 年版，第 121 页。

身的，不只是为它们的统一体。单就它本身来说，必然性是各部分按照它们的本质即必须紧密联系在一起，有这一部分就必有那一部分的那种关系。这种必然性在美的对象里固不可少，但是它也不应该就以必然性本身出现在美的对象里，应该隐藏在不经意的偶然性后面。①

黑格尔对必然性和偶然性辩证关系的论述，仍然以对生命过程矛盾统一关系的洞悉为蓝本。王元化将黑格尔阐述的生命过程所包含的"双重活动"概要转录如下：

一方面继续不断地使有机体的各部分和各种定性的实在差异面得到感性存在，在这种感性存在中，每一方面都具有独立的存在和完备的特性；另一方面又继续不断地使这感性存在不致僵化为独立自在的特殊部分，变成彼此对立，排外自禁的固定的差异面，而使它们可以见出观念性的统一。②

将美的对象与生命统一体类比，不仅再次证实了"美的理念""不过是自然生命有机体的本质的反映"③，而且使必然性和偶然性之间的辩证关联在美的对象中变得更加直观和清晰。

根据达尔文的"生长相关律"，"一个有机生物的个别部分的特定形态经

①［德］黑格尔著，朱光潜译：《美学》（第一卷），商务印书馆 1979 年第 2 版，第 147—148 页。

②王元化：《读〈美学〉（第一卷）·读后札记》，见王元化：《读黑格尔》，百花洲文艺出版社 1997 年版，第 123 页。王元化该段转录的原本见［德］黑格尔著，朱光潜译：《美学》（第一卷），商务印书馆 1979 年第 2 版，第 154—155 页。

③王元化：《读〈美学〉（第一卷）·读后札记》，见王元化：《读黑格尔》，百花洲文艺出版社 1997 年版，第 125 页。

常是和其他部分的某些形态相联系的，虽然在表面上它们似乎并没有任何关联”。因此，“居维埃可以根据一枚牙齿的化石勾勒出一种早已灭绝的古动物的大致正确的全体图像”。同理，“艺术形象的任何一部分的任意改动”，都“必然会影响其他部分以至整个作品的原有性质”。王元化认为，

> 这种整体与部分和部分与部分之间的有机关联，就是黑格尔所说的必然性。①

但是，另一方面，“在互相关联协调一致的生命有机体中，各部分又显示了它们各自所具有的独立自在的面貌”。它们不仅“形体构造不同”，而且“各有专司”，“不能互相替代”。

> 它们的独立自在性显得是为它们本身的，而不是为了它们的统一体。虽然在各部分的独立自在性里可以见出一种内在的联系，但是这种经过生命灌注作用所产生的统一，不但不消除各个别方面的特性，反而把这些特性充分地表现出来，把它们保持住。②

王元化指出：

> 这就是黑格尔所说的必然性必须隐藏在不经意的偶然性后面。③

---

①②③王元化：《读〈美学〉（第一卷）·读后札记》，见王元化：《读黑格尔》，百花洲文艺出版社1997年版，第123页。

以此类推至美的对象，偶然性“在艺术作品里也是不能排除的”。

> 艺术创作一方面要把生活真实中各个分散现象间的内在联系这种必然性直接表现出来呈现于感性观照，另方面又必须保持生活中自然形态的偶然性，使两方面协调一致，这是艺术创作的真正困难所在。①

王元化又把这叫作“必然性通过偶然性为自己开辟了道路”。

在美的统一体及其包含的三组辩证概念之外，《美学》中另一让王元化赞叹不已并反复为之推介的，是黑格尔在论艺术美部分“《理想的定性》里关于情况、情境、情节三个环节的论述”。在此，“总念论中的普遍性、特殊性和个体性这三个范畴”②又一次贯穿其中。

我们已经知道，在黑格尔《美学》的字典里，理念、理想和艺术美，几乎是同一个东西的三种不同表达。当理念“符合理念本质而现为具体形象的现实”时，“这种理念就是理想”③，而理想也即艺术美。

黑格尔认为，情况即“一般的世界情况，这是个别动作（情节）及其性质的前提”④。既然艺术的理念与理想是同义词，那么，“艺术的理想”也就应该像理念一样是一个普遍性，而且“不能是普泛的普遍性”，而是“普遍性实现自身于特殊的个体之中”，亦即“理想的定性”。这理想的定性“必须实现自己，通过动作及一般运动和活动展示出来”，“成为可供感性观照的艺术作

---

①王元化：《读〈美学〉（第一卷）·读后札记》，见王元化：《读黑格尔》，百花洲文艺出版社1997年版，第124页。

②参见王元化：《读〈美学〉（第一卷）·读后札记》，见王元化：《读黑格尔》，百花洲文艺出版社1997年版，第125—126页。

③［德］黑格尔著，朱光潜译：《美学》（第一卷），商务印书馆1979年第2版，第92页。

④［德］黑格尔著，朱光潜译：《美学》（第一卷），商务印书馆1979年第2版，第228页。

品”。“这种运动或活动的场所或前提就是‘情况’。”王元化指出，作为“矛盾的普遍性”，情况，也就是“作为人物活动场所的时代或社会背景”。然而，“同一普遍矛盾”或同样的时代社会背景影响和支配着“同一社会的每一个成员”，因而，“情况只能形成个别形象表现的可能性”，而要想“成为激发人物行动的直接的力量”，就必须再“具化为特殊的矛盾”①。

黑格尔说：情境就是“情况的特殊性，这情况的定性使”“那种实体性的统一发生差异对立面和紧张，就是这种对立和紧张成为动作的推动力——这就是情境及其冲突”②。王元化这样理解：“情境克服了矛盾普遍性的抽象形式，和人物的具体处境、生活、遭遇结合起来”，形成“他不得不行动起来的必然趋势”，这就是“冲突”。在情境中，“冲突的必然性”体现为“人物的内在要求”。“但是，情境只是激发人物行动起来的机缘和动力”，“发出行动的是人，动作的蓄谋，最后决定和实际完成都要依靠人来实现。”而在此过程中，“性格的差异往往在相同的情境或冲突中使他们发出千差万别的动作和反动作”。换言之，“人物的个性起着决定作用”。由此，情境又进入到了情节。

“情节，即动作，是以人物性格为核心的。人物性格属于个体性范畴。”在此，王元化对黑格尔有关总念三范畴之间辩证关系的论述作了发挥：

> 矛盾的个体性包含着矛盾的普遍性（种）和矛盾的特殊性（类）于自身之内。所以……人物性格一方面体现着人的本质和阶级属性，另方面也体现着时代矛盾的特定冲突和纠纷。这两方面都要通过主体的动

---

①参见王元化：《读〈美学〉（第一卷）·读后札记》，见王元化：《读黑格尔》，百花洲文艺出版社 1997 年版，第 126—127 页。

②［德］黑格尔著，朱光潜译：《美学》（第一卷），商务印书馆 1979 年第 2 版，第 228 页。

作和反动作显现出来。[1]

王元化接着小结说,“从情况到情境再到情节,也就是矛盾的普遍性进入到矛盾的特殊性再进入到矛盾的个体性”。黑格尔提供了一条“把人物和环境联系起来考察”的可贵线索,这条线索“可以帮助我们”深入理解恩格斯所提出的“典型环境中的典型性格”这一理论。

围绕着人物性格这一中心,王元化还对黑格尔的“情志”说表现出格外着迷。黑格尔用一个希腊文 παθοζ(英文对应词为 Pathos)来表达“活跃在人心中,使人的心情在最深刻处受到感动的普遍力量”。朱光潜先生将这一词译成了“情致”。在《美学》中,黑格尔说这个希腊词“很难译”,原因是英文的 Passion(情欲)一词虽然从它而来,但意义已经发生了改变,“因为‘情欲’总是带着一种低劣的意味”。“用‘情致’这个名词是取它的较高尚较普遍的意义”,“例如安蒂贡[2]的兄妹情谊就是希腊文的‘情致’。这个意义的‘情致’是一件本身合理的情绪方面的力量,是理性和自由意志的基本内容”。又“例如俄瑞斯特杀死自己的母亲”[3],“驱遣他采取这种行动的正是‘情致’,而这情致是经过很慎重的衡量考虑来的”。“情致”应该被“了解为存在于人的自我中而充塞渗透到全部心情的那种基本的理性的内容(意蕴)”。

此外,黑格尔还声称:

情致是艺术的真正中心和适当领域,对于作品和对于观众来说,情

---

①王元化:《读〈美学〉(第一卷)·读后札记》,见王元化:《读黑格尔》,百花洲文艺出版社 1997 年版,第 128—129 页。

②“安蒂贡”现一般译作“安提戈涅”。

③俄瑞斯特是阿伽门农的儿子,他为报父亲被谋杀之仇而杀死自己的母亲。

致的表现都是效果的主要的来源。情致所打动的是一根在每个人心里都回响着的弦子，每个人都知道一种真正的情致所含的意蕴的价值和理性，而且容易把它认识出来。情致能感动人，因为它自在自为地是人类生存中的强大的力量。①

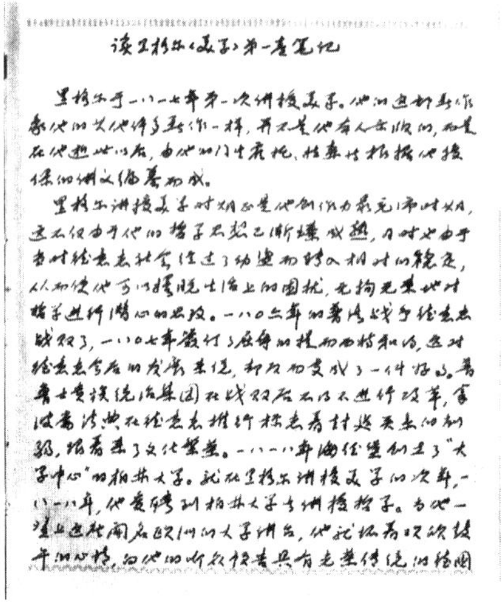
读黑格尔《美学》第一卷笔记

黑格尔于一八一七年第一次讲授美学。

>> 王元化读《美学》（第一卷）笔记

王元化感觉到用“情致”翻译 Pathos 一词与原旨不太相符，因而决定“借用刘勰的用语”“情志”来代替。大概在王元化看来，刘勰在“《文心雕龙》中把作为情感因素的‘情’和作为志思因素的‘志’连缀成词，用以表示情感和志思的互相渗透”，应该更切合黑格尔赋予 Pathos 一词“合理的情绪方面的力量”的本意；况且，刘勰所谓的“志思蓄愤”，“是说情志含有一种悲怆性”，“是一种打动人们心弦唤起人们共鸣的动情力”②，这又与 Pathos 所内含的“冲突激起人物行动起来的内在要求”这一意义相对应。王元化的一字之改译，不仅突出了黑格尔的“情志（Pathos）”概念情感和理性交融于一体的特征，而且清晰地体现了《文心雕龙》与《美学》在王元化身上所切实发生的双向交流交互影响的效应。

---

①［德］黑格尔著，朱光潜译：《美学》（第一卷），商务印书馆 1979 年第 2 版，第 295—296 页。这里仍然照录朱光潜的译文而沿用“情致”一词。

②王元化：《读〈美学〉（第一卷）·读后附释》，见王元化：《读黑格尔》，百花洲文艺出版社 1997 年版，第 137　138 页。

黑格尔对“情志”的论述在显示出深刻艺术鉴赏力的同时，也难免些许晦涩和神秘。王元化认为，“情志应该合理地理解作在人的内心中所反映的时代精神”。“更确切地说，这种时代精神”亦即该时代“具有普遍性的伦理观念”①。

以“情志”为核心，黑格尔在《美学》中还就人物性格的塑造说了这样一段话：

> 要显出更大的明确性，就须有某种特殊的情致（志），作为基本的突出的性格特征，来引起某种确定的目的、决定和动作。但是如果这界限定得过分死板，以至使一个人物仅仅成为某种情致（志）——例如爱情和荣誉感之类——的完全抽象的形式，那么，一切生气和主体性也就会完全消失了，而这种艺术表现也就会因此枯燥贫乏——例如法国的戏剧作品就是如此。②

从这段话中，王元化又䌷绎出了关于完满个性的“美的法则”：

> 完整的性格应该有某种特定的情志作为统治力量的主导方面，同时，又应显示出个性的丰富多采，使两方面达到和谐一致。这也就是“单一”（主导方面的情志）和“杂多”（丰富多采的个性）的矛盾统一。单一是人物性格的一致性，杂多是人物性格的矛盾性或不一致性。艺术创作就要从不一致性中显示一致性，从杂多中显示单一。在艺术创

---

①王元化：《读〈美学〉（第一卷）·读后札记》，见王元化：《读黑格尔》，百花洲文艺出版社 1997 年版，第 129 页。

②［德］黑格尔著，朱光潜译：《美学》（第一卷），商务印书馆 1979 年第 2 版，第 304 页。

作中，一旦消灭了这种作为美的法则的矛盾统一的辩证法，也就宣告了艺术生命的死亡。①

在王元化从黑格尔的美学体系中所汲取的辩证法里，还包括《美学》对审美主客体关系的深刻论述。在《艺术美的概念》里，黑格尔说：

在艺术里，感性的东西是经过心灵化了，而心灵的东西也借感性化而显现出来。②

王元化对此的阐释别有会心：

这意思是说，在文艺创作过程中，心灵的现实化和现实的心灵化一直在交错进行着。文艺创作所反映的现实不是现实世界的自然形态，而是心灵化的现实，从而使艺术美区别于自然美。同时，文艺创作所表现的思想感情不是精神世界的抽象形态，而是现实化的心灵，从而使以形象为特征的艺术区别（于）以概念为特征的科学。③

黑格尔对审美主客体关系的进一步阐述，是在《美的理念》中通过对"有限智力"与"有限意志"的批判完成的。既然名之为"有限"，那显然都属于

---

①王元化：《读〈美学〉（第一卷）·读后札记》，见王元化：《读黑格尔》，百花洲文艺出版社1997年版，第132页。

②［德］黑格尔著，朱光潜译：《美学》（第一卷），商务印书馆1979年第2版，第49页。

③王元化：《黑格尔〈美学〉札记三则·审美主客关系》，见王元化：《传统与反传统》，上海文艺出版社1990年版，第113页。引文中括号里的脱字据《文心雕龙创作论》下篇释义一的"附录三"《审美主客关系札记》增补，见王元化：《文心雕龙创作论》，上海古籍出版社1979年版，第87页。

知性的思维。在对黑格尔的辩证思考作了通盘的理解之后，王元化将它综述如下：

>> 王元化的《传统与反传统》，上海文艺出版社 1990 年版。

有限的智力对待对象的态度是假定客观事物是独立自在的，而我们的认识只是被动地接受。表面上看，这好象是克服了主观的幻想和成见，按照客观世界的原状去吸取眼前的事物。但主体在这种关系上是有限的、不自由的，因为这是先已假定了客观事物的独立自在性，从而取消了主观的自确定作用。而有限的意志则相反，主体在对象上力图实现自己的旨趣、目的、意图，根据自己的意志牺牲事物的存在和特性，把对象作为服务自己的有力工具，从而剥夺了事物的独立自在性，以致使对象依靠主体，对象的本质就在于对主体的目的有用。但这种主体的自由只是一种假象，在实践的关系上，它仍是有限的、不自由的。因为由于有限意志的片面性，对象的抵抗就不能消除，结果就造成了对象和主体的分裂和对抗。①

王元化还特意指出，黑格尔"所说的'主观自确定作用'就含有审美活动的

①王元化：《黑格尔〈美学〉札记三则 · 审美主客关系》，见王元化：《传统与反传统》，上海文艺出版社 1990 年版，第 113—114 页。黑格尔对"有限智力与有限意志"的批判，见［德］黑格尔著，朱光潜译：《美学》（第一卷），商务印书馆 1979 年第 2 版，第 144—145 页。

主观能动性的意蕴"。尽管从黑格尔的美学体系来看,"所谓审美主体的'自确定作用'","只是唯心主义抽象地发展了能动方面",但正如马克思业已揭示的,"黑格尔在思辨的叙述中常常作出""把握事物本身的真实的叙述"①。

阅读黑格尔《美学》(第一卷)的意义,对王元化《文心雕龙创作论》的诞生而言,首先在于提供了研究方法的启迪和写作架构的示范。

这一点在上篇《刘勰的文学起源论与文学创作论》一文的后半部分就已经露出端倪。如果说"刘勰在文学起源论中把'心'作为文学的根本因素",唯心主义的特征还太过明显的话,那么,"他在创作论中却时常提到'心'和'物'的交互作用",其辩证思考却能够使刘勰在这一问题上的看法,"基本上"符合较为"科学"的认识规律,接近了"现实主义文艺理论"。因此,在文章最后对下篇的预告部分,王元化对创作论的提要钩玄与下篇的实际思路展开略有不同,将刘勰的创作论概括为四组辩证关系:心物关系;神形关系;围绕着艺术形象问题的"一系列对立统一的范畴"②,包括小和大、少和多、博和一;以及主要表现为文质和内外等关系的形式与内容的关系。总而言之,王元化如何从黑格尔的客观唯心主义美学体系中,批判清理出一系列放射着辩证法光芒的美的法则,他也就照样在刘勰儒家唯心主义的文艺思想中,批判继承了渊博深刻的创作论精华。

在下篇的小引中,王元化罗列出了他试图借刘勰的创作论展开探讨的那些"中外相通、带有最根本最普遍意义的艺术规律和艺术方法"问题,包括:

---

①王元化:《读〈美学〉(第一卷)·读后札记》,见王元化:《读黑格尔》,百花洲文艺出版社1997年版,第114—115页。

②参见王元化:《刘勰的文学起源论与文学创作论》,见王元化:《文心雕龙创作论》,上海古籍出版社1979年版,第50—60页。

自然美与艺术美关系、审美主客关系、形式与内容关系、整体与部分关系、艺术的创作过程、艺术的构思和想象、艺术的风格、形象性、典型性等。①

《文心雕龙创作论》下篇部分多篇文章的附录，几乎直接由黑格尔《美学》中对相关问题的论述构成，诸如《审美主客关系札记》为第一篇《释〈物色篇〉心物交融说》的"附录三"；《美学》中对必然性和偶然性辩证关系的论述，化身为第七篇《释〈附会篇〉杂而不越说》的两篇附录《文学创作中的必然性和偶然性》和《整体与部分和部分与部分》；"情况—情境—情节"三环节的部分构成了创作论释义六《释〈熔裁篇〉三准说》的"附录二"《文学创作过程问题》的主干内容。② 在其余的问题中，尽管王元化也比较参照了其他西方文学理论家的理论和见解，但可以说，没有一个问题是黑格尔没有论及的。换言之，黑格尔的问题以及他关于这些美学问题的思考，奠定了《文心雕龙创作论》框架结构的基础地层。

在小引中，王元化还表达了"这样一个愿望"：通过自己的"清理批判"，能够有利于《文心雕龙》"在世界文学之林中取得它本来应该享有的地位"。他这样表示：

象《文心雕龙》这部体大虑周的巨制，在同时期中世纪的文艺理论专著中还找不到可以与之并肩的对手，可是国外除了少数汉学家外，它

①王元化：《〈文心雕龙〉创作论八说释义小引》，见王元化：《文心雕龙创作论》，上海古籍出版社 1979 年版，第 69 页。

②这四篇附录的中间两篇后来被作者整合为一，并保留后一篇的题目为整合后的标题，与第一和第四篇附录一起，组成《黑格尔〈美学〉札记三则》一文，收入《传统与反传统》一书，见该书第 113—133 页。

的真正价值迄今仍被漠视，甚至很多文艺理论家还根本不知道它的存在。这原因除了中外文字隔阂，恐怕也由于还没有把它的理论意蕴充分揭示出来。①

其实，在王元化的心目中，刘勰的《文心雕龙》是早在中国的中古时期，就足以与后来近代欧洲像黑格尔的《美学》那样的著作相匹敌的一部巨著。在此，王元化那隐藏在《文心雕龙创作论》之后的骄傲和雄心，仿佛隐隐然呼之欲出。

三、《文心雕龙创作论》的三重结构

王元化宣称，他“对刘勰理论的阐述，力求根底无易其固，而裁断必出于己”。“根底无易其固”首先体现在，必须“以实事求是的态度揭示”刘勰理论的“原有意蕴”和“本来面目”。换言之，也就是注重凸显刘勰创作论的自身逻辑及其所代表的中国古代文论“自成系统的民族特色”②。

（一）《文心雕龙》创作论的总纲

王元化赞同范文澜在《文心雕龙注》中的看法，认为“《神思篇》是《文心雕龙》创作论的总纲，几乎统摄了创作论以下诸篇的各重要论点”③。同时，王元化又补充说，“刘勰以《神思篇》作为统摄创作论诸篇的总纲”，“体现了他

---

①王元化：《〈文心雕龙〉创作论八说释义小引》，见王元化：《文心雕龙创作论》，上海古籍出版社1979年版，第70—71页。

②参见王元化：《〈文心雕龙〉创作论八说释义小引》，见王元化：《文心雕龙创作论》，上海古籍出版社1979年版，第68—70页。

③王元化：《思意言关系兼释〈文心雕龙〉体例》，见王元化：《文心雕龙创作论》，上海古籍出版社1979年版，第191页。《神思篇》是刘勰《文心雕龙》创作论部分的第一篇。

把作为想像活动（神思）的艺术思维看作是贯串全部创作过程的观点”①。在初版《后记》里，王元化又告诉我们，他在书中多处所用的“艺术思维”这一概念，其实是在他写作初稿之时用来避讳在当时属于“犯忌的”“形象思维”一词的代用语②。王元化的这些话，都可以当作我们理解他的《文心雕龙创作论》下篇八说内在逻辑的重要线索。简言之，王元化在《文心雕龙创作论》下篇中主要想探讨的，就是体现在“全部创作过程”各阶段和各环节之中的“形象思维”。

>> 王元化的《文心雕龙讲疏》，上海古籍出版社 1992 年版。

创作过程首先需要处理创作对象。王元化发现，尽管“刘勰在《物色篇》中采取了当时相当普遍的说法。从‘物’‘情’‘辞’三者之间的主从关系去阐明‘情以物迁，辞以情发’的文学主张”，在“文学与自然”关系问题上“肯定了外境对于文学创作的重要意义”，但他以此朴素观点为基础，进一步就“创作实践过程中主体与客体”“相互关系问题”的探讨，见解却不仅前人未发，而且来者罕言。刘勰的具体论述是：

写气图貌，既随物以宛转；属采附声，亦与心而徘徊。

①王元化：《再释〈比兴篇〉拟容取心说》，见王元化：《文心雕龙创作论》，上海古籍出版社 1979 年版，第 160 页。
②王元化：《后记》，见王元化：《文心雕龙创作论》，上海古籍出版社 1979 年版，第 237 页。

王元化对此释义说，这两个对偶的分句“互文足义。气、貌、采、声四事，指的是自然的气象和形貌。写、图、属、附四字，则指作家的模写与表现”。刘勰以此表述作家在进入创作实践活动之后，与外境材料所形成的“一种心物之间”“融汇交流的现象”。“物”“可解释作客体，指自然对象”；“心”“可解释作主体，指作家的思想活动”。刘勰的意思是说，“作家在模写并表现自然的时候”，一方面“必须克服自己的主观随意性，以与客观对象宛转适合”；另一方面又应该以主体之“心”，去“锻炼”“改造”和“征服”“作为客体的自然对象”。“随物宛转，与心徘徊”相反相成、对立统一，作家的创作活动“以物我对峙为起点，以物我交融为结束”。王元化认为，这种心物交融、“和谐默契的最高境界”，也是“围绕着形象所进行的艺术思维的一个突出的特征”①。

《文心雕龙创作论》下篇之二就是对《神思篇》的释义和研究。所谓“神思”，“也就是想象”。对于想象活动，刘勰有两方面的界定和论说。《神思篇》一开头就说：

古人云：形在江海之上，心存魏阙之下。神思之谓也。

王元化认为，“刘勰引用这句话”，是“借以规定‘神思’具有一种身在此而心在彼、可以由此及彼的联想功能”；紧接着，刘勰又有这样一段描写的文字：

寂然凝虑，思接千载，悄焉动容，视通万里，吟咏之间，吐纳珠玉之

①参见王元化：《释〈物色篇〉心物交融说》，见王元化：《文心雕龙创作论》，上海古籍出版社 1979 年版，第 72—75 页。文中所引的《文心雕龙》原文，都照录王元化的引文，不另注。

声，眉睫之前，卷舒风云之色。

王元化指出：

这些话都说明想象活动具有一种突破感觉经验局限的性能，是一种不受身观限制的心理现象。这也正是刘勰把想象称作“神思”的主要原因。①

很显然，借助《神思篇》这一刘勰创作论的纲领之作，王元化试图对想象这一心理现象作一比较全面而深入的探析。他首先关注刘勰对“想象和现实”关系的阐述，王元化将其概括为“杼轴献功说”。“杼轴献功”，语出《神思篇》：

拙辞或孕于巧义，庸事或萌于新意，视布于麻，虽云未贵，杼轴献功，焕然乃珍。

王元化在对《文心雕龙》章句的多处释义和深入阐发中，处处都体现了他所宣称的“根底无易其固，而裁断必出于己”的原则，因为他的释义常常推翻前人的成说。他对“杼轴献功说”的解释就是一个例证。对于“杼轴献功”一语，注释家往往将其解释为“文贵修饰”。比如黄侃在《文心雕龙札记》里就说：“拙辞孕巧义，修饰则巧义显；庸事萌新意，润色则新意出。”王元化则指出，这种看法“不能解释刘勰在这段话里所提出的‘视布于麻’的比喻”；况

①王元化：《释〈神思篇〉杼轴献功说》，见王元化：《文心雕龙创作论》，上海古籍出版社1979年版，第96页。

且，“使庸事可以萌新意，使拙辞可以孕巧义，决不是在形式方面进行修饰润色”就“能收功奏效的”，关键“是想象活动所起的作用”。

王元化指出，刘勰用“杼轴”一词来表示“文学的想象活动”或“作家的构思活动”，是本于陆机《文赋》中的“虽杼轴于予怀，怵他人之我先”一语。不过，不同于陆机“把重点放在想象的独创性上面”，刘勰“把重点放在想象和现实的关系上面”。

耐人寻味的是刘勰的比喻。“布”即麻布。“照刘勰看来，‘布’是由‘麻’纺绩而成的，两者质地相若”，“从这方面来看，‘布’并不贵于‘麻’，但经过纺绩加工以后，就变成‘焕然乃珍’的成品了。没有‘麻’，纺不出‘布’，没有现实素材，就失去了想象活动的依据。就这一点来说，想象和现实的关系，正犹如‘布之于麻’的关系一样”。

一旦明白了“视布于麻”这一比喻，“拙辞”与“庸事”两句也就“迎刃而解了”，因为它“是针对作家运用想象对现实进行加工而言”：

> 怎样才能使看来并不华丽的“拙辞”孕含着意味深长的“巧义”呢？怎样才能使大家都熟悉的“庸事”萌生出人所未见的“新意”呢？作家并不需要把看来朴讷的“拙辞”变成花言巧语，并不需要把大家熟悉的“庸事”变成怪谈奇闻。……他只是凭借想象作用去揭示其中为人所忽略的“巧义”，为人所未见的“新意”罢了。[①]

刘勰论述想象活动的第二方面，体现于《神思篇》中的另一段话：

---

①王元化：《释〈神思篇〉杼轴献功说》，见王元化：《文心雕龙创作论》，上海古籍出版社1979年版，第98页。

>> 1988 年王元化在广州《文心雕龙》研讨会上致辞。

神居胸臆，而志气统其关键；物沿耳目，而辞令管其枢机。枢机方通，则物无隐貌；关键将塞，则神有遁心。

从这段话中，王元化获悉了刘勰对“志气”和“辞令”在想象中作用的看法。刘勰分别将两者当作“指导”和“支配想象活动”的“关键”和“枢机”。对此，王元化分而析之。

“志气”可以解释为“情志和气质”，“泛指思想感情”。“思想感情不但鼓舞了想象活动”，“成为想象活动的动力”，而且还对后者进行指导，“一切想象活动”都是“根据一定的思想感情轨道进行的”。离开了这一轨道，“作家的想象活动就要变成刘勰所说的‘关键将塞，则神有遁心’了”。王元化试

图使刘勰的看法更为辩证,所以又对刘勰的观点补充说:

> 一方面思想感情鼓舞了、指导了想象活动,另方面想象活动也可以加深并加强思想感情的内容。①

"辞令"也就是"语言或语词"。想象活动"必须以语言作为媒介或手段"。但问题是:"既然刘勰把辞令视为支配想象活动的枢机,为什么《神思篇》又说:'方其搦翰,气倍辞前,暨乎篇成,半折心始'呢?"如果真的如有些人说的,这是说明"语言不能完全表彰思想",那岂不是又与"枢机方通,则物无隐貌"相互矛盾了吗?

王元化对此的解释是,"诚然,文学创作中经常会出现这种构思时'气倍辞前',写作时'半折心始'的现象",但是,这或是由于"作家的构思本身"还"不明确",或是由于作家未能把他"只有自己明了的思想表达",成功地转化为"让别人也能明了"。反正,无论哪种情况,"都不足以证明'语言不能完全表彰思想'的论点",因此,也就与"枢机方通,则物无隐貌"的说法没有矛盾。

《神思篇》另一论及想象活动的文字是:

> 陶钧文思,贵在虚静。

王元化对刘勰"虚静说"的探源溯流可能称得上是独得之见。因为说到"虚静",人们很自然就把它"和道家思想联在一起"。但王元化感觉到两者

---

①王元化:《"志气"和"辞令"在想象中的作用》,见王元化:《文心雕龙创作论》,上海古籍出版社1979年版,第105页。

>> 1995 年王元化在北京参加《文心雕龙》国际研讨会。

存在着本质的不同：老庄“把虚静理解为一种绝圣弃智、无知无欲的混沌境界，并以这种境界作为养生的最高目标”，因此，他们“以虚为主，由实返虚”，“把虚静视为返朴归真的最终归宿”；刘勰却把虚静当作“一个起点”，“认为这是构思之前的必要准备，以便借此使思想感情更为充沛起来”。王元化还认为，“《养气篇》赞中所说的‘水停以鉴，火静而朗’”，可以说是刘勰“虚静说”的“自注”。“水停火静都是以”清楚明朗地映照事物“为出发点的”。《神思篇》里的虚静是“唤起想象的事前准备”，是“一种陶钧文思的积极手段”，它与老庄的“虚静说”恰成一个“鲜明的对照”。

那《神思篇》的“虚静说”何所本呢？王元化认为本自《荀子·解蔽篇》中的“虚壹而静”的知“道”之术。王元化对荀子思想的解说也明晰而精彩：

虚的对面是臧；臧者，藏也，含有积藏之义。壹的对面是异；异者，指心兼知也。静的对面是动；动者，指心自动运行也。从心的本性来说，它是有臧、异、动的特点的。……心往往积藏了许多固定看法，包含了许多纷杂不一的成分，并且又往往是不由自主地运行着的。倘要以心知道，那末就必须由臧而虚，由异而壹，由动而静。心……未尝不能达到虚壹而静的境界。要做到这一步，首先，“不以己所臧，害所将受”，这就是说，不以自己心中原来积存的固定看法去损害将要准备接受的东西。这就叫做虚。其次是“不以夫一害此一”。这就是说，不要以彼一事理去损害此一事理；或者更确切地说，不要用片面的观点去损害全面的观察。……从一元论的立场把纷杂互异的万物统一起来观察，这就叫做壹。最后是“不以梦剧乱知”。……一切凌乱杂念，下意识的心理活动均可归入梦的范畴。倘能克服这种现象，役心而不为心役，使思想集中起来，这就叫做静。荀子认为：虚则入——心能虚，才能摄取万物万理；壹则尽——心能壹，才能穷尽万物万理；静则察——心能静，才能明察万物万理。以上就是虚壹而静的大概内容。①

对于王元化来说同样重要的还有一点：

荀子的虚壹而静之说也是作为一种思想活动前的准备手段而提出的，这与刘勰把虚静作为一种构思前的准备手段并无二致。②

《释〈神思篇〉杼轴献功说》，在王元化的《文心雕龙创作论》下篇中同样据有枢纽的位置。它所论及的三个问题既构成了想象运行的一段流程：从

①②王元化：《刘勰的虚静说》，见王元化：《文心雕龙创作论》，上海古籍出版社1979年版，第115页。

虚静说的前期心理和精神准备，到“志气”和“辞令”在想象活动中发挥出各自的功能，再到想象通过“杼轴献功”对自然外物进行加工改造；又大致聚合成“想象与现实的关系”和“想象活动各步骤和环节”这两方面的论题，分别贯穿于下篇的各个部分。比如八说首篇《释〈物色篇〉心物交融说》、《释〈神思篇〉杼轴献功说》本身的释义正文，以及下篇第四《释〈比兴篇〉拟容取心说》，都与前一个问题串联在一起。

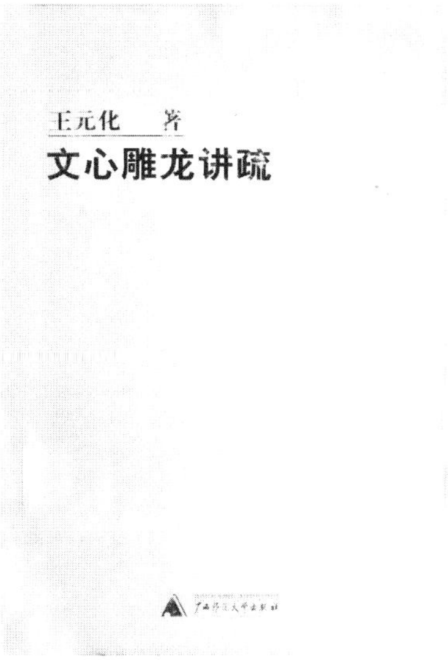

>> 王元化的《文心雕龙讲疏》，广西师范大学出版社 2004 年版。

（二）“艺术形象”还是“形象思维”？

在下篇的小引中，王元化曾表示，他有意效法恩格斯在《费尔巴哈与德国古典哲学的终结》中对黑格尔著名命题“一切现实的皆是合理的，一切合理的皆是现实的”的阐发方式：“阐释中提出的一些观点是黑格尔本人所没有确定而鲜明地说出来的”，而“是经过恩格斯清理之后才得出的必然结论”。王元化并且认为，“这种用科学观点清理前人理论的方法”不应该“和拔高原著的现代化倾向混为一谈”①。确实，这种所谓“比柏拉图本人更柏拉图”或者“比黑格尔更黑格尔”的阐释方法，其实质也就是，在柏拉图或者黑格尔所提出和论述过的问题上，做出较他们本人更深入详尽的论述，或者阐发出他们原本已有但未曾清楚意识到的含义。在对《文心雕龙·比兴篇》的释读中，

①王元化：《〈文心雕龙〉创作论八说释义小引》，见王元化：《文心雕龙创作论》，上海古籍出版社 1979 年版，第 71 页。

王元化就表现出了后一种意义上的“比刘勰更刘勰”的特征。

王元化一开始就声明，在刘勰那里，比兴可以作两种理解。一种是分训，《比兴篇》称：

比者，附也；兴者，起也。附理者切类以指事，起情者依微以拟议。

另一种则是合训，也就是“把比兴二字连缀成词，作为一个整体概念来看”。刘勰将比兴两字连缀成一体看待的证据，一个是《比兴篇》的篇名，另一就是篇末“赞”中“诗人比兴”的说法。王元化主要关注的是后一种“比兴”的意义，并且认为可以将整体意义上的“比兴”“解释作一种艺术性的特征，近于我们今天所说的‘艺术形象’一语”。他的目的则在于说明：

《比兴篇》是刘勰探讨艺术形象问题的专论，其中所谓“诗人比兴，拟容取心”一语，可以说是他对于艺术形象问题所提出的要旨和精髓。[1]

王元化认为，刘勰从形式和内容“这两个不可偏废”的方面，对“艺术形象”问题作了整体阐明。“容”“心”二字，“代表了同一艺术形象的两面”：

在外者为“容”，在内者为“心”。前者是就艺术形象的形式而言，后者是就艺术形象的内容而言。“容”指的是客体之容……实际上，这也就是针对艺术形象所提供的现实的表象这一方面。“心”指的是客体之

①王元化：《释〈比兴篇〉拟容取心说》，见王元化：《文心雕龙创作论》，上海古籍出版社1979年版，第136页。

心……也就是针对艺术形象所提供的现实意义这一方面。“拟容取心”合起来的意思就是：塑造艺术形象不仅要摹拟现实的表象，而且还要摄取现实的意义，通过现实表象的描绘，以达到现实意义的揭示。现实的表象是个别的、具体的东西，现实的意义是普遍的、概念的东西。而艺术形象的塑造就在于实现个别与普遍的综合，或表象与概念的统一。[①]

为了佐证自己对“容”与“心”的理解，王元化还援引白居易《金针诗格》和贾岛的《二南密旨》中对“内意”和“外意”的论述，进一步说明，一个完整的艺术形象，必须是“容”和“心”、“内意”和“外意”、“逼肖生活”的完整“现实表象”和“具有普遍性”的深刻“现实意义”的相互结合和统一。

王元化又指出，“刘勰既然把比兴作为代表艺术形象的整体概念看待”，所以即使“在分论比兴的时候”，也仍然“没有割裂两者之间的有机联系”，“认为比属于描绘现实表象的范畴，亦即拟容切象之义。兴属于揭示现实意义的范畴，亦即取心示理之义”。也由于刘勰“坚持比兴必须综合在一起，因此他肯定了‘讽兼比兴’的《离骚》，而批评了‘用比忘兴’的辞赋”。“自然，刘勰并不抹煞拟容切象的意义”，但“艺术形象的意义毕竟还是在于通过拟容切象的手段去达到取心示义的目的”。

由于《释〈比兴篇〉拟容取心说》一章在全书出版之前，得以在复刊后的《文学评论》上先行刊出[②]，因此也就引起了一些商榷和质疑。异议之点主要有二：其一是“认为比兴仅仅是一种手法”，因此不同意王元化把“刘勰的拟容取心说”理解为“艺术形象这个概念的萌芽和胚胎”。其二则不认为刘勰

①王元化：《释〈比兴篇〉拟容取心说》，见王元化：《文心雕龙创作论》，上海古籍出版社 1979 年版，第 137 页。

②参见王元化：《释〈文心雕龙·比兴篇〉拟容取心说》，载《文学评论》1978 年第 1 期。

曾把比兴当作一个概念。换言之,也就是不认可王元化对比兴的整体理解。

尽管王元化对“比兴”的解说与大多数人习见的分训理解具有较大差异,但总的说来,他还是比较成功地维护了自己的观点。因为他感觉到,这两种质疑的关键问题,均“在于究竟应该怎样看待比兴这一概念”。

对于前一种异议,王元化认为,“首先应该扫除先入为主的孔颖达的三体三用说”,不能“把它作为唯一准绳”。通过简括梳理“比兴说的源流”,王元化令人信服地证明了,一直到汉代,人们对《诗经》“六诗或六义”的解释,“都没有明确作出风雅颂是诗之体,赋比兴是诗之法的结论”,“没有在诗体诗法之间划出严格界限,指出其间有着体和用的区别”。“划出严格界限”的是后来“唐人孔颖达的三体三用说”。如果“从探讨六诗或六义的原始意义方面来看”,自然当以“兼赅诗体诗法”的“《郑注》为长,《孔疏》是不足为训的”。

至于“《诗经》中何以只有风雅颂三种诗体?”“晚近章炳麟的《六诗说》”也已经“比较合理地解决了这个问题”:

> 按照章氏的说法,风、赋、比、兴、雅、颂都是诗体,但有入乐和不入乐之分。由于赋比兴三体,“不被管弦”“不入声乐”,所以在孔子录诗时被删掉了。[①]

王元化说,“刘勰生于南朝,是汉代以后唐代以前的人物”,因此“他对六义的看法”可谓介于“《郑笺》《孔疏》之间”,比前者“更进一步侧重于诗法的探讨”,但总的来说,仍然“保持了《郑笺》”“诗体诗法相兼的观点”。比如,

①王元化:《再释〈比兴篇〉拟容取心说》,见王元化:《文心雕龙创作论》,上海古籍出版社1979年版,第154页。

他的《比兴篇》就“是本之体用相兼的观点来立说”的。“《比兴篇》列入创作论，自然把重点放在创作方法上”，但他同时“又把比兴当作由艺术方法所塑造的艺术形象看待”，《比兴篇》中“一称‘比体’（‘比体云构’），两称‘兴体’，（‘毛公述传，独标兴体。’‘起情故兴体以立。’）可为明证”。

正是为了回答后一种质疑，王元化才概括总结出了《文心雕龙》创作论诸篇“定篇命名之法”的通例。即每一篇篇名的两个字，分开来看，各自都有“特定的涵义”，合起来则另成“一个完整的新概念”。这同时也证明了另外一件事：刘勰是“在不同涵义上使用比兴概念”，并“根据不同历史时期剖析比兴概念的发展演变”。他的“《比兴篇》把诗人之比和辞人之比作了严格的区分”，可见，他用来定义和描述诗人之比的所谓“附理者切类以指事”以及“比则蓄愤以斥言”等文字，已经不适合用于形容“习小而弃大”的辞人之比。况且，按照刘勰的说法，所谓“习小而弃大”，也就是“日用乎比，月忘乎兴”，因此反“用比忘兴”之道而行，将“比兴”连缀成一个整体概念，显然也是顺理成章的事情，而且也“并不是没有根据”[①]。

然而，尽管对质疑做出了比较有力的回应，王元化对“比兴”一词的整体解释仍然容易引起疑义，原因不在于他将两个字连成一体，而在于他用来诠释“比兴”一词的现代概念“艺术形象”，不足以全面准确地概括和传达出他在整体“比兴”中所赋予的全部内涵，并且很容易引起误解。即如第一位质疑者，就把“艺术形象”误解为“创作过程完成以后在作品中再现出来的人物或生活现象”。

在一般人的印象中，“艺术形象”这一概念显然更偏向于刘勰或者王元

①参见王元化：《再释〈比兴篇〉拟容取心说》，见王元化：《文心雕龙创作论》，上海古籍出版社 1979 年版，第 157—158 页。

>> 王元化在日本京都大学演讲厅前。

化所说的“容”的一面，却可能不太长于表达出“心”的含义，更难以传达出王元化所谓的通过“客体之容”透视“客体之心”这样深度模式的内涵。为此，王元化先是给“艺术形象”加上“完整的”这一形容词，但这种做法适足以暗示出“艺术形象”这一概念本身的可能不完整。事实上，在面对质疑的时候，王元化就承认，“从早期的文学理论中”所可能发现的，更准确地说应该是今天“艺术形象”这个概念的“萌芽或胚胎”，或者说是“文学从它诞生的那一天起”“就已存在的”、“作为文学特征的形象性”。因此，王元化又试图把他所说的“艺术形象”解释成“一种凝聚在作品中的艺术性的特征”①。如此说来，这一“艺术形象”又像是某种类似结果的东西，而为了达成这一结果或目的，它又很可能会要求某种相应的手段或者方法。而在一开始，当王元化在追溯“形象”的拉丁文字源，并且根据刘勰“比显而兴隐”的说法将“比兴”与

①参见王元化：《再释〈比兴篇〉拟容取心说》，见王元化：《文心雕龙创作论》，上海古籍出版社 1979 年版，第 157—158 页。

西方的“明喻”和“隐喻”相类比的时候，他又确实将明喻和隐喻视为“艺术性的达意方法和手段”。换言之，“艺术形象”在王元化手里既可能是结果和目的，也可能是方法和手段。而当他明确说出“艺术形象的意义毕竟还是在于通过拟容切象（比）的手段去达到取心示义（兴）的目的”之时，“艺术形象”又开始在手段和目的之间游移。王元化给《比兴篇》释义正文所加的副标题为“关于意象：表象与概念的综合”①，似乎是对“比兴”整体概念的较好诠解，但“意象”一词外延太窄，无法容纳王元化关心的典型等“大”问题。在“附录一”考究陆机《文赋》中的“离方遁圆”的说法究竟针对文体还是针对形象问题的时候，王元化又另外用了两个与“艺术形象”相近的概念：“审美客体”和“文学的描写对象”②。

其实，如果改用黑格尔《美学》的概念，王元化可能就不必如此大费周章地苦心思量，他所论述的“艺术形象”之“容”和“心”的相互结合，或者“个别与普遍的综合”和“表象与概念的统一”③，不就是体现在黑格尔“美的统一体”中内容意蕴和外在形象的通体融贯与和谐一致吗？不也就是总念论的三范畴“个体性、特殊性和普遍性”在相互间合纵连横的基础之上的彼此统摄和互为渗透吗？仔细体察王元化的意图，他其实就是想探讨在艺术创作过程中，如何使美的对象获得由其内在一系列辩证统一所保证的美的素质和艺术效果。一言以蔽之，也就是形象思维在艺术创作过程中的具体体现。对于这一点，质疑王元化的两个作者倒是看得非常准确和明白，尽管他们质

---

①参见王元化：《释〈比兴篇〉拟容取心说》，见王元化：《文心雕龙创作论》，上海古籍出版社 1979 年版，第 135—139 页。

②参见王元化：《“离方遁圆”补释》，见王元化：《文心雕龙创作论》，上海古籍出版社 1979 年版，第 140—141 页。

③王元化：《释〈比兴篇〉拟容取心说》，见王元化：《文心雕龙创作论》，上海古籍出版社 1979 年版，第 137 页。

疑的问题方向不同,但都一致以不满的口吻指责王元化,“把前人的解释和我们今天”“对艺术形象或形象思维的解释等同起来”①。

如果将王元化的整体“比兴”概念由“艺术形象”替换成“形象思维”,王元化解释《比兴篇》的“正文”与其几篇“附录”之间的有机关联也就容易理解了。“附录一”《“离方遁圆”补释》是纠正前人对陆机“离方遁圆”说的误解,以免将《文赋》中有关形象思维的见解,误读作关于文章体制变与常的议论。

不用说,“附录三”《关于“由抽象上升到具体”的一点说明》,就是王元化受到黑格尔“知性”论述的启发之后,重读马克思的《〈政治经济学批判〉导言》的体会之文,中心意图是要以“感性—知性—理性”的认识三段论,去取代形而上学的“感性—理性(实际上是知性)”的认识论图式。

“附录二”《刘勰的譬喻说与歌德的意蕴说》对两位作家的比较其实只是个引子,目的主要是借以阐明“艺术思维是以怎样的特殊形态去体现”“由个别到一般,又由一般到个别”“这个认识的共同规律”。要紧之点有二:

第一,“艺术形象应该是具体的”,“艺术家不像科学家那样从个别中抽象出一般”,而是“通过特殊的个体去显现它的一般意蕴”。“艺术作品所呈现的一般必须呈现于感性观照”。“艺术家对现实生活进行艺术加工”,“并不是把事物的现象形态抛弃掉,而是透过加工以后的现象形态去显示它们的内在联系”。“艺术形象的具体性就在于它既是一般意义的典型,同时又是特殊的个体”,“典型性即由生活细节真实性中显现出来,变成可以直接感觉到的对象”。

---

①王元化:《再释〈比兴篇〉拟容取心说》,见王元化:《文心雕龙创作论》,上海古籍出版社1979年版,第161页。

第二，“由个别到一般，再由一般到个别，这两个认识过程不是并列的”。“在全部创作过程中，并不存在一个游离于形象之外从概念出发进行构思的阶段。因此，由一般到个别的认识功能，不是孤立地单独出现，而是渗透在由个别到一般的过程之中”，“成为指导作家认识个别的引线或指针”。

王元化特别指出，是否把认识规律“截然分割为孤立排他的两个互不相干的独立过程”，是“概念化”的“形象图解论”和在创作中进行“形象思维”①的关键分野。

“附录四”《再释〈比兴篇〉拟容取心说》本来应该是对质疑的回应，但王元化却在质疑者的行文中看出一个偏向：仅仅把“刻镂声律，萌芽比兴”看作是用以表现作家在“头脑中业已构成的映象”的“手法”，而把它们排除在“作家认识、思考以至进行构思的思维过程”之外，这其实是一种不正确的“单纯技法”②的观点。它与黑格尔在《美学》中表达的见解截然相背。黑格尔说：

> 形象表现的方式正是他的感受和知觉的方式……
>
> 艺术家的这种构造形象的能力不仅是一种认识性的想象力、幻想力和感觉力，而且还是一种实践性的感觉力，即实际完成作品的能力。这两方面在真正的艺术家身上是结合在一起的。
>
> ……
>
> 按照艺术的概念，这两方面——心里的构思与作品的完成（或传达）是携手并进的。③

---

①参见王元化：《刘勰的譬喻说与歌德的意蕴说》，见王元化：《文心雕龙创作论》，上海古籍出版社1979年版，第145—147页。

②王元化：《再释〈比兴篇〉拟容取心说》，见王元化：《文心雕龙创作论》，上海古籍出版社1979年版，第159页。

③[德]黑格尔著，朱光潜译：《美学》（第一卷），商务印书馆1979年第2版，第362—363页。

其实,在创作过程中区划出构思活动和表现阶段,也就是把认识规律截然分割为两个互不相干的孤立过程,这又与“形象图解论”殊途而同归。

(三)刘勰与黑格尔论“情志”与灵感

>> 王元化的《读文心雕龙》,新星出版社 2007 年版。

紧接着《神思篇》“神居胸臆,而志气统其关键”一句所开拓的论题方向,王元化从《文心雕龙》的《情采篇》中,又挖掘概括出了“情志说”,试图对想象和构思活动中的思想感情因素展开进一步的研探。这一次的论题转变为:在创作思维中起着驱动、指导作用的思想感情,它在艺术作品中究竟应该以怎样特定的形态呈现?

尽管王元化说,他是用刘勰的“情志”概念,取代了朱光潜希腊语 παθοζ 的中译“情致”,但实际上,“情志”作为一个整体,在刘勰的《文心雕龙》中也仅见于《附会篇》的“必以情志为神明”一处。然而这并不妨碍王元化从《情采篇》里先后出现的“为文造情”和“述志为本”二语中,看出两者的亲和关系与整体性质。王元化这样解释:“刘勰认为‘情’和‘志’这两个概念不是彼此排斥的,而是互相渗透”,因此“企图用‘情’来拓广‘志’的领域,用‘志’来充实‘情’的内容,使‘情’和‘志’结合为一个整体”。

据王元化考究,把“情”和“志”综合起来在刘勰那里具有两种意义。第一种意义“就文学创作的性能功用而言”。刘勰将发源于《诗》的“言志美刺”传统和脱胎于《骚》的“发愤抒情”路数，“加以融汇，成一家之言”。这一点也可以让读者原本可能产生的一个疑惑感到释然：为什么王元化要在关于《情采篇》一章的“附录”里，提出“《辨骚篇》应归入《文心雕龙》总论”这样的问题？因为《辨骚篇》归入总论，可以进一步坐实刘勰兼综《诗》《骚》的文学史观，而刘勰在文学理想和观念方面的《诗》《骚》并重，反过来又为《辨骚篇》应入《文心雕龙》总论提供了另一重要证据。

如果“就文学创作的构成因素而言”，王元化说，“情”，“可归入感性范畴，相当于我们所说的感情”；“志”，“可归入理性范畴，相当于我们所说的思想”。“属于感性范畴的‘情’和属于理性范畴的‘志’是互相补充彼此渗透的”，这就是刘勰“把‘情’和‘志’综合起来的第二种意义”。

王元化认为，第二种意义上的“情志”概念，“颇接近于渗透了思想成分的感情这种意义”，所以“可以十分恰当地”[①]表达黑格尔《美学》中的那个希腊词的含义。显然，黑格尔对希腊语“情志”概念的论述，也是《美学》中让王元化感到格外会心的地方。多年以后，当王元化回顾自己读黑格尔的心路历程的时候，还有这样的理解和赞叹之语：

> 情志既非思想又非感情，同时既有思想的某种性质又有感情的某种性质。一般文学教程从来没有像这样来探讨问题，黑格尔的情志说不仅发人所未发，而且将艺术作品中表现思想感情的问题置于更深入更合理的地位上加以解决。[②]

---

①参见王元化：《释〈情采篇〉情志说》，见王元化：《文心雕龙创作论》，上海古籍出版社 1979 年版，第 170—174 页。

②王元化：《序》，见王元化：《读黑格尔》，百花洲文艺出版社 1997 年版，第 8 页。

通过在刘勰和黑格尔之间充当跨时空交流的媒介，王元化也找到了他自己所关心问题的理想答案：

在文学创作中……感性方面和理性方面互相渗透，交织成难以分解的有机整体。……作为构成文学因素的感情……必须被现实所唤起，被思想所提高。作为构成文学因素的思想……必须融化在艺术形象里面，充分得到感情的支持。①

简而言之：

文学创作中的感情，只能是一种经过思想深化的感情，文学创作中的思想只能是一种被感情所渗透的思想。②

如果说，《情采篇》以“情志说”对《神思篇》中的“志气”作了深入阐发的话，那么，《熔裁篇》中的“三准说”则也与“辞令”保持着某种关联。

这种关联蕴含在《神思篇》的这几句话里：

意授于思，言授于意，密则无际，疏则千里。

---

①王元化：《文学创作中的思想和感情》，见王元化：《文心雕龙创作论》，上海古籍出版社1979年版，第183—184页。

②王元化：《文学创作中的思想和感情》，见王元化：《文心雕龙创作论》，上海古籍出版社1979年版，第184页。

显而易见,刘勰在这里直接论述的是“思”“意”“言”三者之间依次传达的关系,而且传达的结果可能表现为两种截然相反的情况。正如王元化设问的那样,“刘勰究竟认为”三者“可以沟通一致,还是扞格不入呢”?联系同在《神思篇》中我们业已考察过的“物沿耳目,辞令管其枢机,枢机方通,则物无隐貌”一句,应该可以推断,刘勰是“认为‘思’‘意’‘言’三者是可以沟通一致”的。“密则无际”就三者关系的正常状态而言,“疏则千里”则指的是三者关系的反常状态。

刘勰这一有关“辞令”的论述同时也预示了《熔裁篇》中“三准说”的格式。因为“三准说”正是按照“‘思’(情志)—‘意’(意象)—‘言’(文辞)”[①]的次序来分析文学创作过程的三个步骤的。

《熔裁篇》这样论述“三准”:

> 履端于始,则设情以位体;举正于中,则酌事以取类;归余于终,则撮辞以举要。

王元化解释说:

> 刘勰在这里借用《左传》“始”“中”“终”(见文公元年)的说法,以表明文学创作过程可分为“设情”“酌事”“撮辞”三个步骤。[②]

---

①王元化:《思意言关系兼释〈文心雕龙〉体例》,见王元化:《文心雕龙创作论》,上海古籍出版社 1979 年版,第 190 页。

②王元化:《释〈熔裁篇〉三准说》,见王元化:《文心雕龙创作论》,上海古籍出版社 1979 年版,第 185 页。

第一步是“设情”。“刘勰认为，人类生来就有不学而能的‘人情’”，人情“在和大自然的接触中得到一种深刻感受，盘踞在自己的心田里，排遣不掉，驱除不开，这就是推动作家行动起来的动力”。“作为创作冲动核心的感受也就是刘勰所说的‘设情以位体’”，这里的“情”，指的是“经过了作家长期孕育、酝酿产生出来的‘情志’”。

紧接着的是“酌事”。王元化解析说：

> 作家凭借生活中的记忆唤起了想象活动，逐渐摆脱了开头萌生在自己心中的情志的普泛性和朦胧性，使之依次转化为具体的事类，然后再听从情志的指引，把它们熔铸成鲜明生动的意象，使“事切而情举”。[①]

最后是“撮辞”。“撮辞”“也就是作家如何把自己酝酿成熟的构思表现出来”。这又回到了《神思篇》对“思”（情志）、“意”（意象，也指事类）、“言”（文辞）三者关系的论述。

对王元化来说，“三准说”表明，刘勰试图用“设情”“酌事”“撮辞”三个步骤去说明作家在文学创作过程中内心所进行的艺术思维活动，这些活动因为是内在的、人们不能得见的，所以一般被“看作是不能加以科学分析的神秘现象”。刘勰本于“思无定契，理有恒存”的信念，尝试探索和总结“文场笔苑”的方法和门道，显然是极可宝贵的。

刘勰对创作过程的探索使王元化再一次想到了黑格尔意义上的“情志”概念。在王元化的理解中，《美学》对理念经过了“情况—情境—情节”

①王元化：《释〈熔裁篇〉三准说》，见王元化：《文心雕龙创作论》，上海古籍出版社1979年版，第187—188页。

>> 王元化与日本学者合影。

这三个步骤的"自我发展""而形成为具体的艺术作品"的过程论述,实际上也就是黑格尔的创作过程论。黑格尔的创作过程三阶段不仅可以与刘勰的"三准说"相互生发映照,而且在"情志"问题上与刘勰颇有英雄所见略同之处。

黑格尔的"情志"概念出现在"情节"这一环节。"情节即动作,是以人物性格为中心的。人物性格属于个体性范畴。"根据我们业已熟悉的黑格尔的总念三范畴理论,"矛盾的个别性"是"包含着矛盾的普遍性(种)和矛盾的特殊性(类)于自身之内"的。王元化将这一理论移用到人物性格方面,说:

人物一方面体现着作为社会关系总和的阶级属性,另方面也体现

> 着表现时代矛盾的特定冲突和纠纷。这两方面都要通过主体的动作或反动作显现出来。黑格尔把冲突激起人物行动起来的内在要求,借用古希腊人所说的 παθοζ 一词来表达。大体说来,黑格尔用这个字以表明特定时代的具有普遍性的伦理观念,但这种观念在人物身上不是由理智,而是由渗透着理性内容的感情表现出来。①

显然,在黑格尔创作过程论中的"情志"概念与刘勰的"设情以位体"之间,王元化察觉到了某种神似之处。

就创作过程的全部而言,除了可以分析把握的各环节和完整的流程以外,还有一个非作家的意志可以左右的特殊现象,那就是灵感的爆发。王元化选用了别林斯基较为朴素平实的说法:"创作的直接性。"

刘勰对"创作的直接性"的论述主要有两处。《神思篇》中说:

> 秉心养术,无务苦虑;含章司契,不必劳情。

《养气篇》的论述更进一步:

> 率志委和,则理融而情畅;钻砺过分,则神疲而气衰。②

---

①王元化:《文学创作过程问题》,见王元化:《文心雕龙创作论》,上海古籍出版社 1979 年版,第 198 页。

②以上两则引文分别见戚良德:《文心雕龙校注通译》,上海古籍出版社 2008 年版,第 323、466 页。王元化在《文心雕龙创作论》初版中的引文不怎么在意标点,两则引文除最后一个句号外基本上一逗到底,第一则分号两边都没有用逗号断开。1992 年的上海古籍出版社版一仍其旧,见该版第 231 页。后来的版本如 2004 年的广西师范大学出版社版、2007 年湖北教育出版社的文集版,都改为现今较规范标点,分别见各书第 255 页、第 238 页。

与《文心雕龙创作论》下篇其他的释义一样，王元化将刘勰有关“创作的直接性”的论述，用一个短语“率志委和”来概括。王元化如此疏释：

“率志委和”一语是指文学创作过程中的一种从容不迫直接抒写的自然态度。率，遵也，循也。委，付属也。“率志委和”就是循心之所至，任气之和畅的意思。①

王元化自问：“为什么刘勰在论述最复杂最需要思想高度集中的创作活动的时候”，竟然反对“钻砺过分”而主张“率志委和”呢？回答是：刘勰的“养气说”涉及文学创作活动中的一种带有辩证意味的现象：

照刘勰看来，作家从事于文学的创作活动，一方面必须依靠平日的辛勤磨练，经过不断的积累，另方面又必须在写作的时候，采取一种直接抒写胸臆的自然态度。②

当作家在创作之前“经过异常复杂、异常艰巨的准备工作”之后，“一旦进入创作过程”，“就往往会产生一种创作激情突然迸发的现象”。这就是前人所称的“灵感”，也就是别林斯基所说的“创作的直接性。”

所谓“创作的直接性”也就是指：

---

①王元化：《释〈养气篇〉率志委和说》，见王元化：《文心雕龙创作论》，上海古籍出版社1979年版，第219页。

②王元化：《释〈养气篇〉率志委和说》，见王元化：《文心雕龙创作论》，上海古籍出版社1979年版，第220页。

> 作家把认识生活方面的活跃想象力和艺术实践方面的敏锐表现力结合在一起,让它们在整个创作过程中间携手并进。①

《养气篇》中的另一说法“从容率情,优柔适会”可以“用来作为‘率志委和’说的最惬恰的注释”。

王元化觉得,刘勰“对于创作直接性的分析”“比较切合于实际”之处在于,“他把平日的辛勤积累和创作的直接抒写结合起来,认为后者是前者的自然产物”,这就为探索“灵感”这种素被目为“扑朔迷离”“凌虚蹈空”的心理现象,“打开了一条正确的探索道路”。而这一思路,也可在黑格尔“从直接与间接的关系”入手对“艺术技巧熟练问题”②的论述中得到印证。

黑格尔在《小逻辑》中说:

> 许多真理我们深知是由复杂异常间接思索步骤所得到的结果,[可是它们]却毫不费力地直接呈现其自身于熟悉此种知识的人的心灵之前。③

王元化接着黑格尔所举的数学家的例子继续发挥:

---

①王元化:《释〈养气篇〉率志委和说》,见王元化:《文心雕龙创作论》,上海古籍出版社1979年版,第221页。

②参见王元化:《重读〈小逻辑〉》,见王元化:《读黑格尔》,百花洲文艺出版社1997年版,第22页。

③王元化:《释〈养气篇〉率志委和说》,见王元化:《文心雕龙创作论》,上海古籍出版社1979年版,第222页。此句出自黑格尔《小逻辑》第66节,照录的王元化引文,与原始出处略有不同,比如中括号里的字句为王元化所补。见[德]黑格尔著,贺麟译:《小逻辑》,生活·读书·新知三联书店1954年版,第171页。修订版的译文为:“许多真理我们深知系由于极其复杂的、高度中介化的考察所得到的成果,这种成果却毫不费力地直接呈现其自身于熟习此种知识的人的意识之前。”见[德]黑格尔著,贺麟译:《小逻辑》,商务印书馆1980年第2版,第160页。

正是由于这个缘故，数学家可以不费思索地解决一道难题，音乐家可以运用自如地演奏一首乐曲，诗人可以得心应手地直抒胸臆。这种直接呈现出来的圆熟技能，都是经过了间接积累过程的。[1]

他认为文学创作中的灵感也不例外：

创作的直接性正是经历了极其复杂的间接历程才在创作活动中出现。它往往是沉潜反复的思索和长期生活经验的结果。[2]

（四）胡风理论的投影

至此为止，我们已经明显可见《文心雕龙创作论》的双重结构，它们分别由刘勰创作论和黑格尔美学的逻辑叠加而成。其实，还有第三层结构存在，这就是胡风理论的投影。

1991 年，在为修订更名后的《文心雕龙讲疏》撰写序言的时候，王元化回顾他“开始构思并着手撰写”《文心雕龙创作论》时的“旨趣”：“通过《文心雕龙》这部古代文论去揭示文学的一般规律。”促使王元化产生这一写作初衷的更深层原因则在于：“在文艺领域内，长期忽视艺术性的探索，是众所周知的事实。”[3]王元化的这一认识和感悟直接奠基于他本人的一段带有创伤性的经历：胡风就曾一直致力于保持和维护文艺领域内的艺术性，对它们大面积不可阻挡的流失感到“触目心伤”，并由于试图阻挡文学普遍概念化和公式化的潮流而成为文艺领域审美质素的祭品。

---

①②王元化：《释〈养气篇〉率志委和说》，见王元化：《文心雕龙创作论》，上海古籍出版社 1979 年版，第 222 页。

③王元化：《序》，见王元化：《文心雕龙讲疏》，上海古籍出版社 1992 年版，第 2 页。

>> 王元化与学生在一起。

在某种程度上，这也在《文心雕龙创作论》下篇的排序上留下了印记。《神思篇》明明位列《文心雕龙》创作论之首，被刘勰誉为“驭文之首术，谋篇之大端”[①]，王元化自己也一再表示《神思篇》为《文心雕龙》创作论的总纲，但为什么他偏偏首选《文心雕龙》创作论的最末一篇《物色篇》作为自己下篇的开端呢？因为王元化已经深刻领受过《物色篇》所论及的“文学与自然”关系问题的利害。“文学与自然”，改用王元化写作当时的说法，也就是“文学与现实”或“文学与生活”，在这个问题上，胡风至少犯过两个大忌。

首先，胡风曾经从他的主客观相生相克的文学理论出发，把作家带着自己的思想武装，深入到“血肉的现实人生”当中，与这一感性的对象展开搏斗之

①戚良德：《文心雕龙校注通译》，上海古籍出版社2008年版，第322页。

>> 王元化荣获上海文学艺术奖的“杰出贡献奖”。

后，所产生的作家主观的“自我扩张”和“自我斗争”，称作“艺术创造的源泉”①。这就与文学反映论的经典表述“现实生活是艺术创作的惟一源泉”形成了字面上的明显歧异，从而构成了对权威理论的冒犯和挑战。其次，与此紧密相关，胡风的主客观化合论也被指责为单纯重视主观而被冠以唯心主义的罪名。

王元化探究刘勰的创作论，首选《物色篇》中的“心物交融说”，并附以“关于创作活动中的主客关系”的副标题，一方面固然表达了对唯物反映论第一命题的恪守和尊重，另一方面也可以说是为胡风理论申辩。“心物交融”也就是主客观化合，创作活动“以物我对峙为起点”，而“以物我交融为结束”，也正可以用来描述胡风的主客双方经过相生相克的搏斗和斗争，最终

①参见胡风：《置身在为民主的斗争里面》，见胡风：《逆流的日子》(1944—1946)，收入梅志、张小风整理辑注：《胡风全集》第3卷，湖北人民出版社1999年版，第187—189页。

达到辩证统一的过程。

王元化说,“随物宛转,与心徘徊”,是对“物”和“我”既相互“对峙”又彼此“交织”情况的有力说明,两者之间不可偏废:

> 仅仅以心为主,用心去驾驭物,就会流于妄诞,违反真实。仅仅以物为主,以心屈服于物,就会陷入奴从、抄袭现象。①

在勾勒刘勰理论在中国古代文论中延续和继承的脉络之时,王元化又借龚自珍的“善入善出说”,再次申论“文学的真实性和作家的独创性”达到“心物交融”的必要:

> 不善入就会脱离现实,凌虚蹈空,以致流于向壁虚构。不善出就会奴从现实,缺乏个性,以致流于刻板摹拟。②

王元化对辩证视角的反复强调,不仅表明了对胡风主观唯心主义的指责是多么子虚乌有,而且也有力声援了胡风对文学创作中的两大痼疾——主观公式主义与客观主义的批评与出击。

此外,黑格尔有关艺术美中“心灵的现实化和现实的心灵化”“交错进行”的论述,对“知性的有限智力和有限意志的批判”及其对“主观自确定作用”③

---

①王元化:《释〈物色篇〉心物交融说》,见王元化:《文心雕龙创作论》,上海古籍出版社1979年版,第74页。

②王元化:《王国维的境界说与龚自珍的出入说》,见王元化:《文心雕龙创作论》,上海古籍出版社1979年版,第84—85页。

③参见王元化:《审美主客关系札记》,见王元化:《文心雕龙创作论》,上海古籍出版社1979年版,第87—88页。

的推重和强调，也从正反两个方面，确证了胡风理论的解释力和有效性。

王元化还把“物我交融、和谐默契的最高境界”目为“围绕着形象所进行的艺术思维的一个突出的特征”①。在此，王元化委婉地指称的是“形象思维”。后者之所以成为“忌语”，在很大程度上也是因为这一概念正是由胡风首倡。

>> 王元化参加《文心雕龙》学术研讨会。

据胡风回顾，他最早是在1935年，摘要评介苏联文学顾问会编辑的《给初学写作者的一封信》的时候，有感于当时国内文坛出现的不能用“艺术的力量”表现政治的“标语口号作品”，以及借人物之口抽象议论的“哲理小说”，省悟到这样的道理：“感觉的世界才是艺术的目的，‘形象的思索’才是艺术家的本领。”②

胡风正式提出“形象的思维”这一说法是在1942年的桂林，针对的是当时有人提出的“诗的形象化”理论。胡风首先指出后者所含有的“毒素”：“诗的形象化”这用语，容易给人造成“形象就是诗”的印象，从而忽视或忘记

①王元化：《释〈物色篇〉心物交融说》，见王元化：《文心雕龙创作论》，上海古籍出版社1979年版，第75页。

②胡风：《为初执笔者的创作谈》，见胡风：《文艺笔谈》（1934—1935），收入梅志、张小风整理辑注：《胡风全集》第2卷，湖北人民出版社1999年版，第242—243页。

了对诗歌的生命而言更重要的“诗人的主观精神”,也即“诗人对人生的战斗欲求”“诗人对于人生的献身情热”,所以非但不能挽救“反而加强了诗人的主观能动精神的衰退”。因此胡风严正地声明:

> 在美学或艺术学上,我们可以说“形象的思维”或“形象地思维”,但却不能说“形象化”。①

两者之间细微而又本质的差别表现在:

> 在艺术创造过程里面,思想(思维、作家的主观认识)只能是一根引线,始终要附着在生活现实里面,它的被提高只能被统一在血肉的生活现实里面同时进行。要这样,才能谈生活和创作的统一,才能谈思想和艺术的统一;要这样,思想才是活的思想而形象才是活的形象……至于“形象化”,那是先有一种离开生活形象的思想(即使在科学上是正确的思想),然后再把它“化”成“形象”,那就思想成了不是被现实生活所怀抱的,死的思想,形象成了思想的绘图和图案的,不是从血肉的现实生活里面诞生的,死的形象。②

为此,当时的胡风还着实对“形象化”理论辛辣地幽默了一下:

> 这是真现实主义和假现实主义的分歧点,它叫做机械论,庸俗的现

---

①②胡风:《关于“诗的形象化”》,见胡风:《在混乱里面》(1941—1943),收入梅志、张小风整理辑注:《胡风全集》第3卷,湖北人民出版社1999年版,第90页。

实主义就是它生下来的小宝宝。[1]

及至后来，因为自己提出的“形象的思维”被批判为“反对作家应该有正确的世界观”，胡风经过进一步的思考，将“形象的思维”从“创作方法”上升为“具体的世界观”，也就是在美学上，“看自然，看社会，看人类的意识行为怎样才能够从它们的原始状态上升为具有美感力量的艺术品的观点”。胡风相信：

> 美学上的世界观是社会学上的世界观的一个方面。能够取得社会学上的正确的世界观的引导和照明，它引导文艺创作实践的力量就会更强大……就是还不能得到社会学上的世界观的引导和照明，但只要它能够适应生活中的历史要求，在创作实践中真诚不苟，它不但能够在创作上取得胜利，而且，这个胜利还是能够符合社会学上的世界观的要求的。因为，它是在不脱离感性形象上认识（领悟）自然、社会和人类自身的精神运动发展的观点（世界观）。[2]

当然，受到批判也在客观上迫使胡风不断地进行理论的自我检讨和自我完善。他反省自己在国内首先提出“形象的思维”这一观点之时，“没有强调形象的思维应该有‘逻辑的思维’引导，甚至在形象思维过程中也伴随着逻辑的思维”，两种思维“处在对立统一关系里面”。不过，与科学的逻辑或“抽象的思

①胡风：《关于“诗的形象化”》，见胡风：《在混乱里面》（1941—1943），收入梅志、张小风整理辑注：《胡风全集》第3卷，湖北人民出版社1999年版，第91页。

②胡风：《“形象的思维”观点的提出和发展》，见梅志、张小风整理辑注：《胡风全集》第7卷，湖北人民出版社1999年版，第238页。

>> 1984 年王元化在中日学者《文心雕龙》研讨会上发言。

维”不同的是,“形象的思维”“不能舍掉现象”,“而是要在形象上感受到客观事物的实质和运动动态”,“而且还要通过艺术家本人的喜怒爱憎的感情去体验客观事物形象的实质和运动动态,用创造性的思维作用反映出事物的实质和运动动态的真实性”。胡风最后还不忘强调,“从美学观点上说”,“形象的思维”的“形象性反对了主观公式主义,它的真实性反对了客观主义”。

在“形象地思维”过程当中,艺术家的感情与抽象的逻辑(理性)思维相伴而行。胡风的“形象的思维”,是否也在一定程度上触及并把握住了黑格尔和刘勰的“情志”概念的精髓?

至于王元化,他以刘勰的《神思篇》为总纲,全面地探析以作家想象为核心环节的文学创作活动的全过程,从这一角度来说,他的《文心雕龙创作论》全书,实际上也就是一篇以胡风的“形象思维”概念为论题的美学上的大论文。这篇论文东西求索,多方求证,处处透露出要为“形象思维”正名的意图，为胡风的文艺理论求得类似于数学或几何证明题多解同一的强烈愿望。

对于苏联文学顾问会的《给初学写作者的一封信》，胡风一方面从中获得有关“形象的思索”的关键启示，另一方面也对该书“完全没有提到”在创作活动中作家的“想象”和“直观作用”感到些许不满。因为在胡风看来，“在创造形象的过程上，现实性和虚构性是互相纠合在一起的”。所谓“虚构性”，也就是“作家的想象或直观在现实的材料里面发现出普通人眼看不见的东西，给以加工、发展，使他的形象取得某种凸出的鲜明的面貌”。实际上，“虚构性”也就是“作家的主观活动”“对于现实材料的批判”，其中体现了“作品的对于时代精神的反映”。胡风还说：

> 这个虚构性如果被过于夸张了，形象就会成为概念的影子；如果完全没有，形象就会成为现象的复写。①

如果将此处胡风对作家的“想象”和“直观”在创作活动中具体作用的说明，与王元化对《神思篇》“杼轴献功说”中“拙辞”如何“孕于巧义”，“庸事”如何“萌于新意”的解释作一对照：

> 作家并不需要把看来朴讷的“拙辞”变成花言巧语，并不需要把大家熟悉的“庸事”变成怪谈奇闻。……他只是凭借想象作用去揭示其中为人所忽略的“巧义”，为人所未见的“新意”罢了。②

---

①胡风：《为初执笔者的创作谈》，见胡风：《文艺笔谈》（1934—1935），收入梅志、张小风整理辑注：《胡风全集》第2卷，湖北人民出版社1999年版，第242页。

②王元化：《释〈神思篇〉杼轴献功说》，见王元化：《文心雕龙创作论》，上海古籍出版社1979年版，第98页。

我们只能感叹，无论从思路还是表述方式来看，二者都是何其相似乃尔！

王元化对“拟容取心说”中“容和心或现实表象和现实意义的统一”的强调，与他对艺术形象中两者分裂的防范是双面一体的。而从他对分裂结果的描述中，可再次看出胡风警惕文坛两大痼疾的影子：

> 有“心”无“容”就会使现实表象湮没在抽象的原则里面。有“容”无“心”则会使现实意义消灭在僵死的躯壳里面。优秀的艺术家都是通过鲜明生动的艺术形象诱导读者去认识现实和理解生活的。[①]

>> 1985 年王元化在墨西哥金字塔（神庙）前。

在《释〈比兴篇〉拟容取心说》一章中，王元化的另一关注重点就是“艺术思维是以怎样的特殊形态去体现”“认识的共同规律”的。这里的关键是艺术思维的特殊之处，因为在认识“由个别到一般，再由一般到个别”这样循环往复交替螺旋上升或深化的

①王元化：《释〈比兴篇〉拟容取心说》，见王元化：《文心雕龙创作论》，上海古籍出版社 1979 年版，第 138 页。

过程中，如果将艺术掌握世界的方式与科学掌握世界的方式一律相绳，忽视艺术作品的现象形态和形象性，或者将原本“互相联结”“互相渗透”的两种认识过程，理解成“截然分割”“孤立排他”，从而使创作过程变成“所谓表象—概念—表象的公式”，那么，文学创作活动中的“形象思维”，就会被概念化的“形象图解论”所代替。显然，在这一问题上，王元化的期望和忧思，又与胡风区分“形象思维”与“形象化”的执著与焦虑相同。

此外，王元化之所以能在质疑者视“比兴”为表现“手法”的狭隘化理解中，敏锐地洞察到后者头脑中存在的“单纯技巧观点”，即“把塑造艺术形象的表现方法视为游离于艺术思维之外或之后”①，也表明在王元化自己的意识中，胡风反对将创作活动庸俗化理解为单纯“技巧”的观点，留有怎样深刻的影响。

无论是王元化对刘勰“情志”概念的发掘和阐释，还是对黑格尔“情志”范畴的激赏，其中都叠印着胡风在相关问题上的思考。对于思想和感情或者理性和感性在作家身上或作品当中的相互渗透，胡风有时也用“艺术力和思想力的高度的统一”②来称呼。胡风说：

> 对于作家，思想立场不能停止在逻辑概念上面，非得化合为实践的生活意志不可。③

---

①王元化：《再释〈比兴篇〉拟容取心说》，见王元化：《文心雕龙创作论》，上海古籍出版社 1979 年版，第 159 页。

②胡风：《一个要点备忘录》，见胡风：《民族战争与文艺性格》（1937—1941），收入梅志、张小风整理辑注：《胡风全集》第 2 卷，湖北人民出版社 1999 年版，第 633 页。

③胡风：《置身在为民主的斗争里面》，见胡风：《逆流的日子》（1944—1946），收入梅志、张小风整理辑注：《胡风全集》第 3 卷，湖北人民出版社 1999 年版，第 187 页。

而这，又必须经过作家“能动的主观作用”，在创作实践中和感性的创作对象展开相生相克的搏斗之后才能够达到。所谓创作的感性对象，也就是“血肉的现实人生”。胡风对此搏斗过程的表述充满动感：

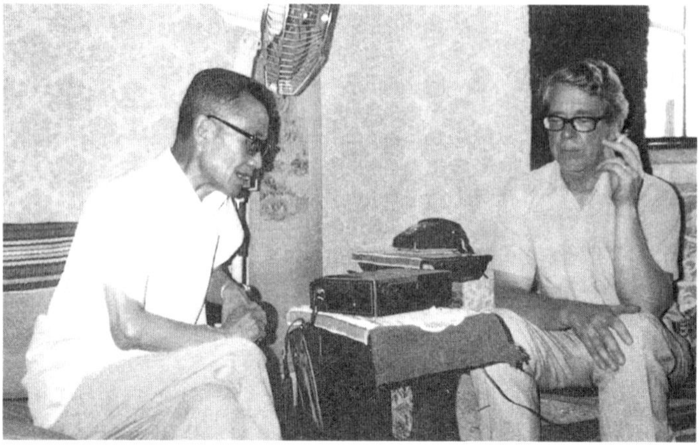

>>1982 年诺贝尔奖文学奖评委马悦然对王元化进行采访。

对于血肉的现实人生的搏斗，是体现对象的摄取过程，但也是克服对象的批判过程。不过，在这里批判的精神必得是从逻辑的思维前进一步，在对象的具体的活的感性表现里面把捉它的社会意义，在对象的具体的活的感性表现里面溶注着作家的同感的肯定精神或反感的否定精神。所以，体现对象的摄取过程就同时是克服对象的批判过程。这就一方面要求主观力量的坚强，坚强到能够和血肉的对象搏斗，能够对血肉的对象进行批判，由这得到可能，创造出包含有比个别的对象更高的真实性的艺术世界，另一方面要求作家向感性的对象深入，深入到和对象的感性表现结为一体，不致自得其乐地离开对象飞去或不关痛痒地站在对象旁边，由这得到可能，使他所创造的艺术世界真正是历史真实在活的感性表现里的反映，不致成为抽象概念的冷冰冰的绘图演义。①

这段著名的表述，既是胡风主客观化合论的生动展现，也是作家在创作过程中进行自我斗争并进而获得自我扩张的过程揭示，同时又是胡风对思想和感情如何在作家主观这一熔炉中发生交融这一浑然现象的勉力剖析，它自然也就是活生生的"形象的思维"。至于王元化所关心的思想感情在艺术作品中的融汇，只是所有这些动态化合反应过程的必然结果。

>>1988 年王元化与将《文心雕龙》译成本国文字的意大利汉学家桑德拉合影。

在《文心雕龙创作论》的最后一章，王元化又将"作家和他所描写的对象融为一体"视为作家灵感爆发的重要触发因素和关键特征：

他用不着去思量它，欣赏它，它自然而然地从他心中涌现出来，这就是我们所说的作家在写作过程中创作激情突然迸发那种最美妙的

①胡风：《置身在为民主的斗争里面》，见胡风：《逆流的日子》（1944—1946），收入梅志、张小风整理辑注：《胡风全集》第 3 卷，湖北人民出版社 1999 年版，第 187—188 页。

现象。①

这种带有明显胡风标志的语言，王元化在分析探讨陆机的“感兴说”时再一次使用。工元化这样解释《文赋》中所说的创作过程中“天机骏利”的现象：

大体说来，陆机所说的“天机骏利”事实上是指构成意象和技巧表达的轻巧灵活。就构成意象方面来说，作家的想象活动，首先取决于他在外来的材料中所捕捉的对象是否真正具有艺术意义。如果这个对象和作家的爱憎血肉相连，而且又是他所熟悉的，可以从他的记忆中唤起丰富的联想，那么它就成为推动他的想象焕发起来的活力，使他轻而易举地去实现构思计划，这时他就会迸发出创作的激情来。②

对于技巧表达，王元化的解释乍看之下似乎是黑格尔式的：

当作家创作激情迸发的时候，各种美妙的意象，生动的语言，全都自然而然地奔赴笔下……这时，作家的主体好象反而成为传达客体内容的一种器官，似乎完全听从自己手中的笔所驱使。对于陆机不能解释的这种情况，我们可以试从艺术思维的特点来加以说明。通常有一种错误的看法，以为艺术的表现是把概念翻译成为形象。事实上恰恰相反，艺术表现是作家的一种直接需要，一种自然的推动力；形象的表

①王元化：《释〈养气篇〉率志委和说》，见王元化：《文心雕龙创作论》，上海古籍出版社1979年版，第223页。

②王元化：《陆机的感兴说》，见王元化：《文心雕龙创作论》，上海古籍出版社1979年版，第227页。

现的方式应该正是作家的感受和知觉的方式。这些感受和知觉是作家长年累月大量积蓄在他的记忆之中的，因此当他一旦进入创作过程，它们就会不招自来，自然汇聚笔下。①

不知不觉中，王元化在分析《小逻辑》对“直接性和间接性”的关系论述，黑格尔的“情志”概念，以及《美学》有关“作家表现形象的方式与其感受和知觉的方式同一”的见解时，先是揉进胡风的无时无刻不努力以“形象的思维”来纠正“形象化”的思想，并且以胡风否弃“技巧”这一用语作结。胡风的下面这段话值得在此再次征引，它也曾经为年轻时候的王元化深深认同：

>>1993年王元化与斯德哥尔摩大学文学院院长罗多弼合影。

“技巧”，我讨厌这个用语，从来不愿意采用，但如果指的是和内容相应相成的活的表现能力而要借用它，那也就只好听便。然而，表现能力是依据什么呢？依据内容的活的

①王元化：《陆机的感兴说》，见王元化：《文心雕龙创作论》，上海古籍出版社1979年版，第228页。

特质的性格。依据诗人的主观向某一对象的,活的特质的拥合状态。平日积蓄起来的对于语言的感觉力和鉴别力,平日积蓄起来的对于形式的控制力和构成力,到走进了某一创作过程的时候,就融进了诗人的主观向特定对象的,活的特质的拥合方法里面,成了一种只有在这一场合才有的,新的表现能力而涌现出来。①

显然,在胡风的理解中,那种"和内容相应相成的活的表现能力",在创作中是自然"涌现出来"的。这种自然涌现,在陆机那里是"天机骏利",在王元化这里是"不招自来,自然汇聚笔下"。它也就是"创作的直接性"。

四、学术沉积的其他地层

>> 熊十力

《文心雕龙创作论》虽然篇幅不长,初版甚至不足18万字,但内容密度很大。尤其是上篇部分,书中每当王元化试图表现刘勰所处的南朝的社会风习和思想文化特色的时候,笔墨背后就常常透露出极为深厚的社会、文化乃至哲学思想史的积累和功底。王元化自己也曾不止一次地表示,对于这本"以多年心血写成的著作,无论在材料上,方法上,观点上",在他撰述的当时,他都已

①胡风:《关于题材,关于"技巧",关于接受遗产》,见胡风:《在混乱里面》(1941—1943),收入梅志、张小风整理辑注.《胡风全集》第3卷,湖北人民出版社1999年版,第81页。

经做到了“尽心尽力”①。王元化对《文心雕龙》研究的全力以赴，也体现在他向熊十力、韦卓民、郭绍虞等前辈学者的长期虚心求教和请益方面。

王元化是在1962年秋，手持韦卓民的介绍信，开始拜识熊十力（1885—1968）的。自那时一直到“文革”爆发，他向熊十力讨教佛学共计三年有余。王元化后来回忆熊十力的文章主要有两篇，几乎字字都可以看作他向后者问学的心得和体会。因为王元化问学的重点主要在佛学，所以获赠一部熊十力先生于1937年初由北京大学刊印的《佛家名相通释》。读了这部书之后，王元化自感“深受教益”②。

>> 熊十力的《佛家名相通释》，大百科全书出版社1985年版。

正如书名所示，《佛家名相通释》是熊十力应学生的要求和建议，所撰述的一部“佛学入门书”，宗旨在于“疏释名相、提挈纲领”，类似于一部“佛学辞典”。但熊十力在编撰这一佛学“初学津梁”的时候，却有意与坊间一般的同类著作拉开距离，试图在“分释各名相条目”的同时，着重“阐发佛学的体系，探究其间的有机关联”。所谓“名相为经，众义为纬”，“必于千条万绪中综会，而寻其统系，得其通理”。这就使这一著作在提供佛学名词查考的工具书功能之外，同时还兼

---

①王元化：《〈文心雕龙讲疏〉日译本序》，见《王元化集》卷四《文心雕龙讲疏》，湖北教育出版社2007年版，第335页。
②王元化：《熊十力二三事》，见王元化：《清园夜读》，中国社会科学出版社1997年版，第111页。

具了教科书的“入门向导”作用。不仅如此，为了“引发读者”进一步“深入研究的兴趣”，作者还于书中适当之处列举相关书目，并“予以钩玄提要的说明”。正像王元化感觉到的那样，《佛家名相通释》实际上称得上是一部“规模较小”的“专业性的百科全书”，而且还是由“‘五四’后老一代佛学专家中屈指可数的几位代表人物之一”[①]，用心写就的一部研究既称深入、表达尽量浅出的著作。

在《文心雕龙创作论》中，王元化之所以能够洞察到刘勰《灭惑论》中的“道”与《原道篇》中的“道”，同语而异义，首先就应归功于《佛家名相通释》让王元化对佛学中那“一套自成体系的特殊用语”获得比较清楚系统的了解，从而在面对“名相纷繁”的“佛学著作”[②]之时，能够恰如熊十力所期望的那样，感觉到“玄关有钥，而智炬增明”，洞察到一般人难以察觉甚至毫无知觉的隐秘堂奥。要知道，如果缺乏像《佛家名相通释》这样可靠的入门向导和研究的依凭，即便熊十力本人，在研治佛学的开初，“面对浩如烟海的内典”，也同样会感觉到“茫然无所措手足”，甚至自述“曾有一个时期，他埋头在明人的疏记中，废寝忘食，而所获甚微”[③]。

通过《文心雕龙创作论》，王元化还为读者揭开了笼罩在一系列原本显得非常玄奥的“佛家名相”之外的神秘面纱。这其中首先包括一些由汉代时依附道术而译成的佛学专有名词，在魏晋之后回归“梵语音译”，“如旧译‘无为’后改译成‘涅槃’，旧译‘除馑’后改译成‘比丘’，旧译‘本无’后改译成‘真如’等等”；其次，是指出汉译佛经中存在的一些因声、字相近而产生的误

①参见王元化：《记熊十力》，见王元化：《清园夜读》，中国社会科学出版社1997年版，第103—105页。

②王元化：《〈灭惑论〉与刘勰的前后期思想变化》，见王元化：《文心雕龙创作论》，上海古籍出版社1979年版，第23页。

③王元化：《熊十力二三事》，见王元化：《清园夜读》，中国社会科学出版社1997年版，第11页。

译，如“浮音似佛，桑音似沙，声之误也。以图为屠，字之误也”，王元化解释说，“此言‘佛图’为‘浮屠’之正译，‘沙门’为‘桑门’之正译”；此外，还简明扼要地解释了何为“般若”（即智慧）、“二谛”［真谛（又称第一义谛）与俗谛（又称世谛）］、“三空”（“系指我空、法空、我法俱空”）、“四等”（“乃慈、悲、喜、舍四无量之异名，本属禅法”[①]）等。显然，王元化在这方面的造诣很大程度上得益于《佛家名相通释》。

王元化承认，《文心雕龙创作论》在描画、探析魏晋南北朝时期的“思想源流和各家各说之间的错综复杂关系”之时，其中“所述魏晋玄风与般若性空之学的关系”部分，“悉本”汤用彤先生的两本著作《汉魏两晋南北朝佛教史》与《魏晋玄学论稿》[②]。但汤用彤与熊十力两位先生“交谊颇厚”，《汉魏两晋南北朝佛教史》中所引的“十力先生就鸠摩罗什赠慧远偈

>>1999 年王元化在杭州西子湖畔。

①参见王元化：《〈灭惑论〉与刘勰的前后期思想变化》，见王元化：《文心雕龙创作论》，上海古籍出版社 1979 年版，第 24—33 页。

②王元化：《谈汤用彤》，见王元化：《清园夜读》，中国社会科学出版社 1997 年版，第 90 页。

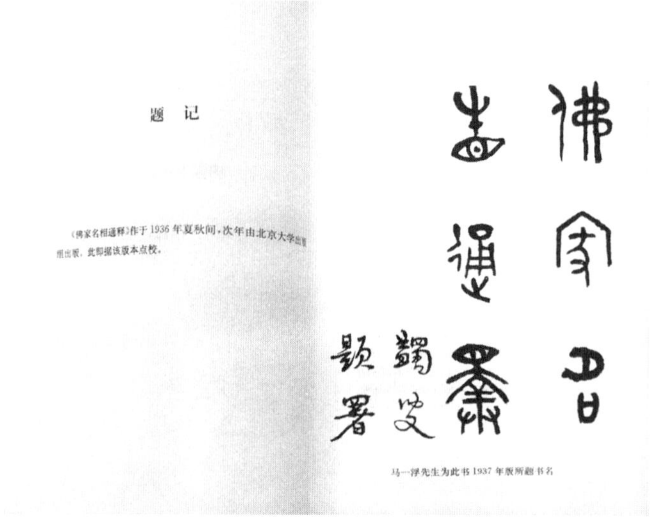

>> 马一浮为1937年版《佛家名相通释》题签。

所作的诠释”，就是熊十力“应汤先生所请托”，专门“为汤先生所写的”①。由此一事，不仅可见汤先生对熊十力佛学造诣的推重，同时也说明，在王元化于佛学方面登堂入室的过程中，熊十力的接引点拨，功不可没。

在佛学义理方面，熊十力让王元化感觉“迥拔群伦，自成一家之言”的地方，在于“用心理主义去阐释法相宗”②。在《佛家名相通释》一书的《撰述大意》中，熊十力这样“论到佛学的特点”：

以今哲学上术语言之，不妨说为心理主义。所谓心理主义，非谓是

①参见王元化：《记熊十力》，见王元化：《清园夜读》，中国社会科学出版社1997年版，第103—104页。

②王元化：《熊十力二三事》，见王元化：《清园夜读》，中国社会科学出版社1997年版，第112页。

心理学,乃谓其哲学从心理学出发故。[①]

由此出发,熊氏从四个方面去阐释佛法。王元化将自己的理解概要如下:

宇宙论(三界唯心,万法唯识)、人生论(以此心舍染得净,转识成智,离苦得乐)、本体论(即心是涅槃)、认识论(自心起执相貌,故初假寻思,而终于心行路绝,由慧解析,知其无实,渐入观行,冥契真理)。[②]

在各方面进行剖析之后,熊十力作出结语说:

吾以为言哲学者,果欲离戏论而得真理,则佛家在认识论上,尽有特别贡献。[③]

其实,就佛学对中国哲学的可能增益作用,熊十力还有一段论述:

佛家之于内心之照察,与人生之体验,宇宙之解析,真理之照会,皆有其独到处。即其注重逻辑之精神,于中土所偏,尤堪匡救。[④]

基于上述认识,从一开始,熊十力的哲学比较研究视野,就凌越了后来

①③王元化:《记熊十力》,见王元化:《清园夜读》,中国社会科学出版社1997年版,第106页。
②王元化:《熊十力二三事》,见王元化:《清园夜读》,中国社会科学出版社1997年版,第112—113页。
④王元化:《记熊十力》,见王元化:《清园夜读》,中国社会科学出版社1997年版,第105页。

习见的中西双边比较，体现出了超前的世界或全球视野。他说：

今日治哲学者，于中国、印度、西洋三方面必不可偏废。①

王元化在《小逻辑》的本体论、认识论和方法论中偏重后两者，且尤重认识论；在《文心雕龙创作论》中，又处处表现出对认识规律的明显偏好，或许无意识中，就受到熊十力研治佛学理路的影响。至于“印度梵典的重逻辑精神，特别是在理论的体系化或系统化方面”，对我国文化尤其是《文心雕龙》的写作所产生的巨大影响，王元化更是一而再地明白道及。

当王元化向晚年的熊十力先生请教佛学的时候，熊十力自己却已经“由佛入儒，对于阳明、船山二王之学，最为服膺”②。尽管王元化谦称自己仅向熊十力先生请教佛学，很少涉及新儒学，但他对熊十力一生学术的演变轨迹，亦有自己的领悟：

十力先生早岁忿詈孔子，中期疑佛，最后归宗大易。……他恪尊天行健君子以自强不息之义，演大易翕闢成变之论，从而构成一完整的思想体系。我以为，不论他的哲学经过怎样的发展与变化，其核心仍在“本心”这一概念。……十力先生所谓本心，即仁，即生生不息、凝成众物、而不物化、新新不已的“绝对本体”。这个刚健的本体(或本心)之显现，如贺氏所说，“有其摄聚而成形象的动势，名曰翕；有其刚健而不物化的势用，名曰闢。所谓心物即是闢翕两种势力或过程。”一闢一翕，恒

①王元化：《记熊十力》，见王元化：《清园夜读》，中国社会科学出版社1997年版，第105页。
②王元化：《记熊十力》，见王元化：《清园夜读》，中国社会科学出版社1997年版，第103页。

转不已。心与物交参互涵,不可分而为二,而是一个整体的相反相成的两个方面。……体用一如,心物不二,这就是十力先生哲学的真谛。①

在刘勰《物色篇》的“心物交融说”、熊十力现代新儒学的“心物不二”,以及胡风的主客观化合论之间,王元化一定格外深切地感受到了其中的一脉相承。

当然,作为自开户牖、成一家之言的新儒学开宗大师,熊十力影响王元化既大且深的,还是在于思想和治学方法方面的启迪。熊十力“力图用哲学观点”“整理佛家的玄奥”,并申明遵守“根底无易其固而裁断必出于己”的原则;在《佛家名相通释》的《撰述大意》里,熊十力又提出“佛书有四要,即分析与综会,踏实与凌空”②。王元化体会说,将四者兼顾而不偏废,“诚为读书要诠”③。对于这些精审的方法和原则,王元化不仅反复向人推介揄扬,更重要的是,还将它们切实地贯彻于自己的治学中,体现渗透在《文心雕龙创作论》的写作中。

>> 韦卓民

王元化向熊十力先生问学的机缘,来自父亲的同窗好友、当时任教于华中师范学院(即前华中大学,现华中师范大学)的韦卓民(1888—1976)先生。韦卓民先生于20世纪60年代初到上海探访亲友,这

①王元化:《熊十力二三事》,见王元化:《清园夜读》,中国社会科学出版社1997年版,第113—114页。“早年忿詈孔子”一句在该文收入十卷本文集的时候改为“早年忿詈孔子”,从文意看,应是后者为是。参见王元化:《再记熊十力》,见《王元化集》卷七《随笔》,湖北教育出版社2007年版,第42页。引文中的“贺氏”指的是“贺麟”。

②王元化:《记熊十力》,见王元化:《清园夜读》,中国社会科学出版社1997年版,第106页。

③王元化:《熊十力二三事》,见王元化:《清园夜读》,中国社会科学出版社1997年版,第111页。

也成了王元化与他通信请教黑格尔哲学的开端。书札往返从韦卓民先生返回武汉不久就按照两人在沪的约定开始,“大约十天左右就通一次信”,“来往颇为频繁”。“文革”期间曾一度中断,信件也被“全部销毁”,“直到一九七三年”,双方通信又得以恢复。

从王元化后来挑选发表的三封韦卓民先生的书信来看,称韦卓民为王元化西方哲学专业的研究生通信导师,一点也不为过。在隔离审查期间,王元化就已经潜心阅读过《小逻辑》至少两遍,因此,他和韦卓民先生的通信主要采取的是由王元化提出疑难问题、韦卓民先生根据问题进行答疑解惑的方式。王元化后来回忆说:

他的覆信不仅对此书的体系、用语、体例以及读法和参阅有关资料提出了有益的指导,而且还时或评论其中利弊,耐人寻思。①

韦卓民先生于1973年12月24日给王元化的信,就是对此评论最好的例证。在信中,韦卓民几乎将《小逻辑》第三篇《总念论》中有关“推论”的一大段(第181—193节)逐节讲解了一遍,却以这一大段与全书的关联开头:

《小逻辑》的第一篇是有论[有译为存在论者,是不确切的,因“存在”是第二篇本质论的一个较高的范畴,而“有”(原德文的Sein直译为“是”)是黑格尔逻辑学中最初而最没发展,因而以内容论是最贫乏的,故以贺译之“有”为正确]。所谓“有”者,有如点名时,唱名的对象,应

①王元化:《关于黑格尔〈小逻辑〉一书的通信·跋》,见王元化:《读黑格尔》,百花洲文艺出版社1997年版,第160—161页。

声曰"有"之有,即"在这里"的意思,不涉及此人的其他性质或情况。①

对于自修者,这里至少有两处关键提示可以给人以豁然开朗之感:第一是将"有"(Sein)和"存在"(die Existenz)这两个极易混淆的范畴区别开来,并将它们明确定位在黑格尔逻辑体系发展中的两个不同层次;第二是用浅显易懂的"点名"的比喻,较为形象地说明了作为逻辑发展初始的"有"这一概念的"零度"特性。

紧接着,韦卓民先生明确了"推论"部分在全书中所处的位置:

从"有"发展到"本质",再从"本质"发展到"总念"的这个过程是长期而复杂的,所以总念论的发展之C大段,"推论"是概念,黑氏辩证逻辑的主观概念,亦即认识论的几乎最高阶段了。②

韦卓民还特别提醒王元化注意同一个德文词翻译成中文以后的一词多译现象:

在研究黑氏的《逻辑学》(又称《大逻辑》)或他的逻辑讲授《大纲》(又称《小逻辑》)必须知道:(1)贺译的"概念"与"总念"同是原德文的der Begriff之两种用法:作为"概念"讲,是知性的片面思想,而作为"总念"讲,是理性的全面掌握。(2)黑氏的"推论"是der Schluss的中译,而

---

①②王元化:《韦卓民先生关于〈小逻辑〉的通信·之一》,见王元化:《读黑格尔》,百花洲文艺出版社1997年版,第146页。王元化和韦卓民两人通信讨论所依据的是三联书店版的《小逻辑》,但在商务印书馆版中,译者贺麟先生将"有"(Sein)和"存在"(die Existenz)分别修订改译为"存在"和"实存"。

黑格尔在《小逻辑》里（在《大逻辑》里亦然）是作为“推论”或“推理”，又作为“结论”，又作为形式逻辑（即传统的亚里士多德逻辑）中的“三段论式”（即原德文的 der Syllogissmus）用的。[1]

进入到“推论”部分，韦卓民先生又对贺麟的译文提出了异议：

>> 1992 年王元化在美国哈佛大学参加“文化中国：诠释与传播”研讨会。

贺译原德文的 das Vermittelu 为“调解”，英译为 mediation，是错误而且是引致思想的模糊的。虽然“调解”是此词的原文，但在逻辑里应用其转义，即“中介”方妥。中介就是推论，尤其是“三段论式”中词，一般用 M 作为符号。[2]

---

①王元化：《韦卓民先生关于〈小逻辑〉的通信・之一》，见王元化：《读黑格尔》，百花洲文艺出版社 1997 年版，第 146 页。

②王元化：《韦卓民先生关于〈小逻辑〉的通信・之一》，见王元化：《读黑格尔》，百花洲文艺出版社 1997 年版，第 147 页。

可能令人颇感意外的是，在《文心雕龙创作论》中，王元化多次主张要注意“我国古代汉语有‘字同而义异’和‘字异而义同’的特点”[①]，同时还强调在考察一些概念和语汇征引的时候，必须“把用本义而取譬和舍本义而取譬”这两种不同的用法“严格地区分开来”[②]。这些想法居然也可能是在韦卓民先生对黑格尔著作中译的字斟句酌当中，受到潜移默化的影响而萌生或强固起来的。

韦卓民先生给王元化信的另一突出特点，是对黑格尔哲学中的疏失或未见之处往往直言不讳。试举通信中一个比较突出的例子：

> 《小逻辑》第183节（贺译本P.363）说“质”的推论，其形式为E—B—A。这就是说，一个个体的主词（E）凭借一种特性（B）与另一种普遍性（A）相结合。[③]

黑格尔称这一逻辑形式为“抽象的理智推论”，并有这样一段批评：

> 这里我们有一直接的个体性作为主词；从这主词里挑出任何一特殊方面，一种特性，即根据这种特性而证明这个体是普遍的。譬如，当我们说：这玫瑰花是红的；红是一种颜色，故这玫瑰花是有颜色

①王元化：《释〈情采篇〉情志说》，见王元化：《文心雕龙创作论》，上海古籍出版社1979年版，第173页。

②王元化：《序》，见王元化选编：《日本研究〈文心雕龙〉论文集》，齐鲁书社1983年版，第6页。

③王元化：《韦卓民先生关于〈小逻辑〉的通信·之一》，见王元化：《读黑格尔》，百花洲文艺出版社1997年版，第147页。“E代表个体性Einzelnheit，B代表特殊性Besonderheit，A代表普遍性Allgemeinheit。”见［德］黑格尔著，贺麟译：《小逻辑》，生活·读书·新知三联书店1954年版，第363页。

的。……从前大家认这种推论为一切知识的绝对规律……现今三段论法的各种形式,除了在逻辑教科书外已不易遇见,而且对于这种推论形式的知识已被认作空疏的学院智慧。①

对此,韦卓民却别有所见。首先,他在认可黑氏"空疏"的评语的同时,指出一个逻辑史实:

实际上诚然是如此,但黑格尔不知道这只是亚氏的探讨形式逻辑的在当时希腊语中之一种发现,并未给以普遍化。后世通过欧洲中世纪之给以普遍化,是一种对亚氏的歪曲,因而是错误的。②

其次,他认为黑格尔"从总念这个观念看三段论式,不免失之于未了解亚氏的三段论式所依据的""是蕴含的关系"。在此,卓民先生给王元化引进了一个《小逻辑》之外的新名词。他这样解释:

依现代关系逻辑的分析,蕴含(英文的 implication)这个关系是可传递的,但不是对称的。譬如 A 蕴含着 B,B 不一定是蕴含着 A,然而不排斥 B 之蕴含着 A……有人不完全理解这公式,乃以"火柴在盒里,而盒在提包里,∴ 火柴在提包里"作为这公式的一例,其实非是,盖"包含"不等于"蕴含",因在关系的性质言,包含是传递的,但不能是对称的,如 A

①[德]黑格尔著,贺麟译:《小逻辑》,生活·读书·新知三联书店 1954 年版,第 364 页。
②王元化:《韦卓民先生关于〈小逻辑〉的通信·之一》,见王元化:《读黑格尔》,百花洲文艺出版社 1997 年版,第 147 页。引文中的"亚氏"指亚里士多德。

包含 B,则大于 B,故 B 就不能包含 A。①

以此种“不是”(“不一定”然而“不排斥”)与“不能”的严格区别为基础,韦卓民先生得出结论说:

关系逻辑认为,且正确地认为亚氏以蕴含关系为依据的逻辑(仅是可能逻辑)系统的极小一部分,但黑格尔在十九世纪初叶,未能见及此。②

据韦卓民先生说:

关系逻辑是数理逻辑的一部分,而数理逻辑虽滥觞于欧洲十七至十八世纪的莱布尼兹,但须到了十九世纪末叶才成立,二十世纪初才盛行……因之从数理逻辑的较新且较正确的观点看,黑氏关于形式逻辑不能深入看的地方是难免的。③

显然,逻辑学的较新发展引起了王元化的兴趣,然而以“蕴含关系”为代表的数理逻辑又不是那么轻易可以透彻理解的。因此,在发表出来的其他两封信中,王元化又分别提出了十个和三个问题,但每封信中都不忘“蕴含关系”。而韦卓民先生也是耐心细致地有问必答。

---

①②王元化:《韦卓民先生关于〈小逻辑〉的通信·之一》,见王元化:《读黑格尔》,百花洲文艺出版社1997年版,第148页。引文括号内文字为引者依据文意添加。还可参见该书第150页“通信之二”中的一句:“含蕴这个关系只是不胜枚举的关系之一,可见亚氏形式逻辑是可能发展出来的逻辑种类之九牛一毛。”

③王元化:《韦卓民先生关于〈小逻辑〉的通信·之三》,见王元化:《读黑格尔》,百花洲文艺出版社1997年版,第155—156页。

在1973年12月24日的信中，韦卓民还指出：在《小逻辑》“第191节中，黑格尔的‘必然推论’的‘必然’只是形式上而非实质上的‘必然’。”[①]对于什么是实质上的“必然”，他在另一封1974年2月6日的信中有比较清楚的解释。不过，在此信中他主要针对翻译措词的选择问题。他说：

在恩格斯和黑格尔的著述译本中，每每将“一切”、“任何”与“凡是”未能区分开来，导致认真读书的读者发生一些不必有的思想混乱。

通常惯用的“一切”和“所有”，指的是经验中的所有种种事物，并不能说是普通的称谓而是限于到当下为止的范围的，例如《自然辩证法》中译本页185第一段第三、四行里的“这一切方法”和“一切科学研究手段”便是有局限性的，不是概括无余的。但同页最后一句的“一切人是会死的”的“一切”则和上面的“一切”有意义上的不同。在这里则应译为“凡是”，其含义是和页186第六行的假言判断式的“如果……便是”同义的。因此，“凡是”或“任何”都含有“如果……便是”的意思。“凡人皆有死”，其含义是说：“如果这是人，他就会死的。”若说“一切人皆有死”那就只是：“在我的经验范围中，所有的人都是要死的”，并涉及实际经验范围以外，那就不能据以建立一项原则或规律。所以我们说，科学是从经验出发，但不是匆忙经验的总结，而是经验之从感性阶段提高到理性更高阶段。且看《自然辩证法》中译本187页第一段中恩格斯所写的，“在对每一场合的特定条件下（即“如果”），任何一种运动形态都能够而且不得不直接或间接地转变成其他任何运动形态。”（这里的着重

①王元化：《韦卓民先生关于〈小逻辑〉的通信·之一》，见王元化：《读黑格尔》，百花洲文艺出版社1997年版，第149页。

点是我加的,请注意“每一”,“任何”(即“凡是”)的用法,其含义是和“一切”有别的)这才是必然的判断,是基于经验的理论[亦即理性的]认识的发展。”(恩格斯中译本页187第二段的话)这是正确的。[①]

如此专业到位而精细全面的系统指导,是以韦卓民先生骄人的学术履历和深厚的哲学造诣为支撑的。对于这位受业导师,王元化有过如下简单介绍:

> 他早年留学美国,在哈佛获硕士学位。后又留英,在霍布豪斯门下就读。其时,他还遍历欧洲几家著名大学深造,达数年之久,得博士学位。他不仅精通英、法、德、俄诸语种,也精于拉丁文。……他学贯中西,深知融会古今、触类旁通的重要。[②]

>> 王元化的《清园夜读》,中国社会科学出版社1997年版。

虽然在很长时间内,王元化都是黑格尔的景仰者,但他同时也深刻地感觉到了黑格尔哲学体系的一个缺点。这“就是刻板地甚至迂腐地要求整齐

①王元化:《韦卓民先生关于〈小逻辑〉的通信·之三》,见王元化:《读黑格尔》,百花洲文艺出版社1997年版,第153—154页。“恩格斯中译本页187第二段的话”原文就缺少引号的前半。
②王元化:《韦卓民遗著》,见王元化:《清园夜读》,中国社会科学出版社1997年版,第117页。

划一，常带有明显的人工强制性的痕迹”。特别是“从一个概念向另一个概念过渡的时候”，“当实际情况无法过渡的时候”，黑格尔还是“挖空心思硬要把它们设法纳入他的体系轨道”①。黑格尔强行推进他的三段式理论体系的地方，也正是包括王元化在内的读者最容易感到不通、不明究竟的所在。而在这些关键之处，韦卓民先生或是对逻辑体系中的一些重要概念和问题做出比较清楚明白的讲解，或是指出某些晦涩难懂的章节，原本就种因于黑格尔本人的错误或者缺陷。这对于长期独自阅读和摸索黑格尔哲学的王元化来说，无异于指点迷津，其所提供的助益弥足珍贵而且不可或缺。

而对于《文心雕龙创作论》的诞生而言，王元化在黑格尔哲学和美学方面的修养，不仅直接为该书贡献了多篇可资参照比较的附录，而且王元化从中所受的正规严格的哲学训练，也使他在具体写作过程中，流露和表现出思维敏锐、辨析精审、表达严密等种种优点。

更长远地看，韦卓民先生的学术趣味和识见，影响还及于王元化在20世纪90年代以后学思路向的校正和选择。因为据王元化回忆：“卓民先生素重康德”，“对康德的评价远远驾凌于黑格尔之上”，并要求王元化“攻读康德著作”。在90年代之后，王元化开始对自己思想中根深蒂固的黑格尔影响展开全面清理，这其中就很可能有韦卓民先生多年前的评骘，在经过岁月的发酵之后，所发挥出来的催化和促成作用。在另一封论学信札中，韦卓民还“曾谈到我国思想史方面的贫乏”，并以一句“世兄其与我共勉之”勉励王元化。王元化承认：

> 后来，我的兴趣转向思想史方面，应该说卓民先生的那句话是起了

---

①王元化：《文艺理论体系问题》，见王元化：《文学沉思录》，上海文艺出版社1983年版，第3页。

很大影响的。①

王元化与郭绍虞(1893—1984)先生的交往,始于前者被处理下放到上海作协文研所时期。作为文研所所长,郭绍虞非常同情王元化的遭遇,除了以他的顾惜和体恤,让王元化充分感受到"那寒冷岁月中从未领受过的温暖"②以外,对王元化的学术发展更具决定性意义的是,激励王元化将黄侃(1886—1935)的《文心雕龙札记》选作自己"龙学"研究的对话和超越的目标。③

>> 郭绍虞

在1984年《文心雕龙创作论》准备印行第二版之际,王元化对之略作文字上的修订和增补,他自称"这是效法阎若璩《古文尚书疏证》

①王元化:《韦卓民遗著》,见王元化:《清园夜读》,中国社会科学出版社1997年版,第118页。

②王元化:《记郭绍虞》,见王元化:《清园夜读》,中国社会科学出版社1997年版,第131页。

③1962年,王元化将自己所写的几篇《文心雕龙柬释》送给郭绍虞先生审阅,很快就得到了后者同情的回应。在告知如何筹划将这些文字分批发表的信中,郭绍虞先生有这样的热情鼓励之语:"我信此书出版,其价值决不在黄季刚《文心雕龙札记》之下也。"参见钱钢编写:《王元化学术年表》,见《王元化集》卷十"附卷",湖北教育出版社2007年版,第334页。

的体例”[①]。其实，对照黄侃的《文心雕龙札记》，我们完全可以说，王元化的《文心雕龙创作论》采用的也是一种札记体。只不过作为章太炎先生的得意门生，黄侃以精深的国学修养和传统“小学”的文字和音韵等功夫见长，故其注解和议论《文心雕龙》中的“章句”“练字”等篇的札记尤显华彩；而王元化则已经自觉不自觉地参与开启了“中国文学研究现代化”的进程，因而西方哲学和美学的素养是他赖以开风气之先的资本，所以对传统文本的现代阐释更显示出了他的看家本领。但即便有如此取向的重大差异，王元化对黄侃的成果还是表现出了充分的尊重，《文心雕龙创作论》差不多每篇释义都会以与黄侃说法的对照开篇，即便个别篇章《文心雕龙札记》付诸阙如，即便多数时候，王元化主要是对黄说提出商榷或者进行补充。

《文心雕龙创作论》如果可以称为王元化学术生涯中的一个枢纽的话，那首先是因为，王元化前此的学术准备和修为几乎都众源汇流于此。除了前此业已揭示出来的学术沉积的诸多地层之外，如果进一步仔细分梳，我们至少还可以列举出《文心雕龙创作论》的另一些源流：汪公严先生向王元化传授的《文心雕龙》和《文赋》，任铭善先生逐字讲解的《说文解字》，鲁迅的《汉文学史纲要》和《摩罗诗力说》对《文心雕龙》的精辟评论等。

米歇尔·福柯（Michel Foucault，1926—1984）在他的《知识考古学》中，将学术思想的历史进程大致描述成具有丰富沉积纹理的地质岩块的不规则延伸，并主张着重考察其间的断裂、缝隙或参差之处。如果将王元化的《文心雕龙创作论》置于这样一种理论视景中来衡量，那么，它似乎正好出现在学术史的行将断裂之处，却好像宿命般地，被某种历史力量和际遇选中，担纲了在裂口两边的学术板块之间接续和传承的重要角色。

---

①王元化：《序》，见王元化：《文心雕龙讲疏》，上海古籍出版社1992年版，第1页。

《文心雕龙创作论》在 20 世纪 60 年代初那个昙花一现的学术活跃时期开始孕育，但随后学术环境就风云突变。从王元化撰写初稿并为此向熊十力、韦卓民等前辈学者问学的时候算起，再不出数年，几乎所有的学术活动都将因为接连的政治运动而陷于全面停顿。在十余年的时间中，王元化的同辈和晚辈学人基本上丧失了从事学术活动的机会或者自由，除非一些以学干时的行为，甚至连王元化已经基本撰成的初稿也都被抄走。尽管像熊十力和韦卓民先生等少数老一辈学者出于对学术的虔诚，并未中辍日常的写、读、译、著工作，但他们当时都接近或已届耄耋之年。熊十力先生在自我预知“衰来停著述”[1]的遗憾的同时，虽然一方面感觉“孤怀寂寥”、可与为论者“杳然无遇”，一方面还不得不借“年老体衰”为由闭门谢客，杜绝时

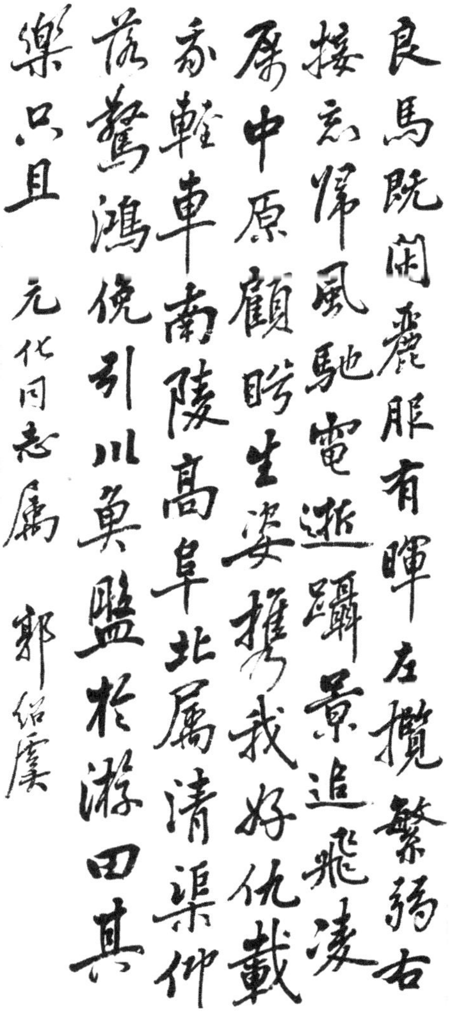

>> 1961 年郭绍虞写给王元化的条幅。

---

[1] 王元化：《记熊十力》，见王元化：《清园夜读》，中国社会科学出版社 1997 年版，第 103 页。

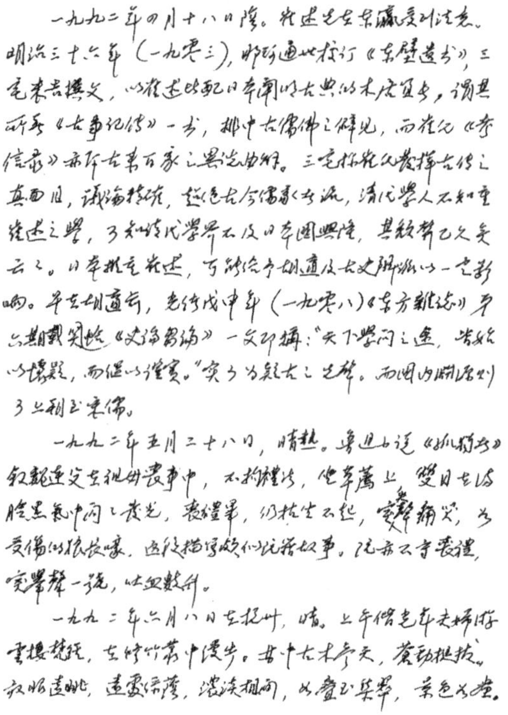

>> 王元化手迹

事的纷扰；而作为华中师范学院前身华中大学创办者之一的韦卓民先生，这时也已头戴“右派”分子的帽子多年，且杂务缠身。在此种状况中，熊十力破例与王元化交接并为之提供指导，韦卓民积多日余暇方能孜孜草就一封答复王元化疑问的长函，除了同情王元化的处境、感佩他的正直和好学的因素以外，显然还有不希望自己的学术后继无人的情怀在。从这一角度观之，熊十力“很认真地”给王元化“看相”的举动，就超越了一般“神秘主义”或者以此作为“识人”①方法的解释，而具有了一种象征意味：熊十力先生那洞察世情的眼光，透过对王元化这一后学个人机运的审视，其实也是在探测，中国学术的命脉和气运，是否以及何时才能时来运转？

换言之，在中国现代学术史上，王元化和他的《文心雕龙创作论》，以其

①参见王元化：《熊十力二三事》，见王元化：《清园夜读》，中国社会科学出版社 1997 年版，第 108—111 页。

在艰难时世的坚韧持守，上承鲁迅、黄侃、熊十力、韦卓民等“开拓一代”①学人的学术传统，下启新时期学术新世代的“拨乱反正”，并且凭借在这一接续和传承过程中的广博吸纳和深厚积累，王元化还使自己的学术生命超越了生理年龄和所属自然世代的局限，以花甲和古稀之年，占据20世纪80和90年代思想文化界的引领地位。或许，对于具体的“龙学”研究一个专业学科而言，《文心雕龙创作论》仅仅是一家之言，甚至必然地还带有时代的深重烙印，其具体观点和论断也自然会被后人补充甚至商讨刷新，但在一个特殊的时期内，它对于中国学术，却具有了某种“存亡继绝”的意义。

这一点也有助于我们重新看待胡风及其同仁在中国文学和文化史中的地位。一般认为，胡风文艺思想尽管切中中国现代左翼文学及其后身“十七年”文学的核心弊病，并提供了有效的对应方策，但遗憾的是，经过长达四分之一个世纪的囚禁和冰冻，胡风及其文艺思想在新时期之后，基本已经过时。而事实上，通过对黑格尔哲学、美学和刘勰《文心雕龙》的深入清理，王元化不仅反复确证了胡风文艺思想的正确无误，而且还将之解冻融化在自己的思想里，并通过在新时期发表的一系列文学批评和理论文章，使胡风思想在思想解放的潮流中继续发挥着其在文坛应有的破冰作用。当然，当王元化在为胡风思想上下索证的时候，无论从学术视野的广度和美学思考的深度，他都已经无可置疑地超越了“胡风集团”同仁。可以说，王元化延续了胡风及其同仁在“文革”后的思想学术影响。

《文心雕龙创作论》之所以可以称为王元化学术生涯中的一个枢纽，还因为王元化在它以后的学术发抒都从此奔泻而出。有意思的是，在新时期之后，

---

①参见陈平原《四代学人的“文学史”图像》中对中国现代近百年学人的代际划分。见陈平原：《假如没有“文学史”……》，生活·读书·新知三联书店2011年版，第9—11页。

《文心雕龙创作论》中原本结合在一起的三重结构,呈现出了"让黑格尔的归黑格尔,《文心雕龙》的归刘勰"的趋势。从《文心雕龙创作论》的学术准备和积累中,王元化整理发表了一系列有关黑格尔的论文,同时也在国内外的学术访问和会议上,发表了多篇关于《文心雕龙》研究的发言或者学术报告,但无论哪一方面的文章,其批评的指向仍然离不开各种原因所导致的文学艺术作品中审美品质的贫瘠。换言之,其批判的靶子仍然延续了胡风当年的核心关切。可以这样说,《文心雕龙创作论》,是王元化积数十年功力所锻造的一把组合兵器,可合使,亦可分用,但攻击和捍卫的目标始终如一。

王元化先生学术年谱简编

1920 年(出生)

11 月 30 日(农历庚申年十月二十日),出生于湖北武昌。父亲王芳荃,字维周;母亲桂月华。

1921 年(1 岁)

未满周岁即随母亲由武昌至北京与父亲团聚,全家定居清华园南院。

1937 年(17 岁)

8 月 8 日,日本侵略军开进北平城之前,举家逃离北平,约一个月后,辗转到上海。不久考入大夏大学,就读经济专业。开始文艺写作。

11 月,结识张可和满涛兄妹。

1938 年(18 岁)

年初,加入中国共产党,在隶属江苏省委的文委领导下工作。当时,孙冶方为文委书记,顾准为副书记。撰写《论抗战文艺的新启蒙意义》,后收入《抗战文艺论集》。

1939 年(19 岁)

3 月,编辑出版《抗战文艺论集》。

1940 年(20 岁)

在《戏剧与文学》上发表长篇论文《现实主义论》。此时,王元化读了

《海上述林》介绍恩格斯关于现实主义的理论，初步认识到经日本藏原惟人传入的苏联拉普派的所谓“社会价值与艺术价值二元论”的偏颇。在此前后，开始了第一次反思。

1946 年（26 岁）

在国立北平铁道管理学院（今北方交通大学）任讲师，教授大一大二基础国文，选《文心雕龙》若干篇为教材。

1947 年（27 岁）

年初，向父亲的同事、20 世纪 20 年代清华中文系教授汪公严先生问学。第一本论文集《文艺漫谈》由上海通惠印书馆出版。

1948 年（28 岁）

3 月，与张可在上海慕尔堂（在今西藏路九江路口）以基督教婚礼仪式结婚。秋天被召回上海工作。

1949 年（29 岁）

5 月后，负责《时代》杂志编辑工作，同时在震旦大学中文系任教。

12 月，儿子王承义出生。

1951 年（31 岁）

先调至华东局宣传部文艺处；未几，又调任新文艺出版社，任总编辑、副社长，同时为出版局和上海作家协会党组成员。

1952 年（32 岁）

论文集《向着真实》由新文艺出版社出版，署名方典。

1954 年（34 岁）

年底，调上海文艺工作委员会，夏衍为文委书记，王元化任文学处处长。

1955 年（35 岁）

6 月上旬至 1957 年 2 月下旬，因受“胡风反革命集团”案的牵连被隔离审查。在隔离审查期间，开始了第二次反思。

1959 年（39 岁）

年底，长期审查的结论下来，被定为"胡风反革命集团分子"，开除党籍，行政降六级。

1960 年（40 岁）

被安置在上海作家协会文学研究所。开始撰写《文心雕龙柬释》。

1961 年（41 岁）

与父亲合译的《太平天国革命亲历记》由中华书局上海编辑所出版，单署王维周之名。

1962 年（42 岁）

经韦卓民先生介绍，向熊十力先生请教。

1966 年（46 岁）

"文革"开始，王元化被打成历史、现行反革命。

1970—1972 年（50—52 岁）

被隔离审查。

1975 年（55 岁）

父亲去世。

1976 年（56 岁）

8 月，撰长篇论文《韩非论稿》。

1979 年（59 岁）

平反前，应陈虞孙、汤季宏之邀，到中国大百科出版社上海分社工作，最初负责"文学卷"编务。平反后，成为中国大百科出版社上海分社领导小组成员，并任《中国大百科全书·中国文学卷》分编委副主任。

6 月，张可因"文革"时积下的病而突然中风，昏迷七日，经抢救虽然脱险,但读写能力俱废。

10 月,积作者多年心血的《文心雕龙创作论》由上海古籍出版社出版。

11 月 9 日,作为特邀代表出席全国第四次“文代会”,得上海代表团团长陈沂转告平反通知。历时二十余年的“胡风反革命分子”冤案终于昭雪。

1981 年(61 岁)

9 月,参加在北京举行的鲁迅诞辰一百周年学术讨论会,与王瑶、唐弢、李何林一起担任大会执行主席。与王力、王瑶、吕叔湘、朱东润、李荣、吴世昌、萧涤非、钱钟书、钟敬文、夏鼐等一起被聘为国务院学位委员会文学评议组成员。同年参加在北京京西宾馆举行的国务院学位委员会第一届学科评议组会议,参与审定通过全国各高校及研究机构博硕士导师资格。本届期满后王元化继任第二届学科评议员。

1982 年(62 岁)

2 月,《向着真实》由上海文艺出版社改版重印,用作者本名。

10 月,出席在山东济南举行的第一次全国《文心雕龙》讨论会。会议推举王元化任《文心雕龙》学会筹备小组组长。

1983 年(63 岁)

年初,去天津迎宾馆与王若水、顾骧共同襄助周扬起草纪念马克思逝世一百周年的讲话稿《关于马克思主义的几个理论问题的探讨》,由王元化统稿,周扬本人定稿。

6 月,任中共上海市委宣传部部长。

8 月,出席在山东青岛举行的中国《文心雕龙》学会成立大会,被选为副会长。

9 月,率领中国社会科学院委派的学者访问团访问日本,任团长,应邀在京都、九州等七所大学发表演讲。

11 月，早年文艺作品集《脚踪》由福建人民出版社出版。

1985 年（65 岁）

5 月，不再担任上海市委宣传部部长一职。是年开始指导华东师范大学中国文学批评史专业博士研究生。首届博士生为蒋述卓和陆晓光。

1986 年（66 岁）

5 月，母亲去世。

1987 年（67 岁）

10 月，作为中国作家代表团团长率团访问瑞典、芬兰。

1988 年（68 岁）

7 月，读林毓生《中国意识的危机》。

9 月，撰《论传统与反传统——为五四精神一辩》。

10 月，编定《新启蒙》创刊号。同月，《文化发展八议》由湖南人民出版社出版。

11 月，参加在广州举行的《文心雕龙》国际研讨会。

1989 年（69 岁）

3 月，应出版社和陈敏之的邀请，为顾准遗著《从理想主义到经验主义》一书撰写序言《从理想主义到经验主义书后》。

5 月，作《五四启蒙与当代中国——关于文化问题的主客对话》。

12 月，《思辨短简》由上海古籍出版社出版。

1990 年（70 岁）

4 月，《传统与反传统》由上海文艺出版社出版。

1991 年（71 岁）

2 月，赴美国夏威夷参加东西方文化中心召开的"文化与社会：二十世纪中国的历史反思"国际学术讨论会。会上与几年前的论战对手林毓生订交，后来两人成为挚友。

1992 年(72 岁)

5 月,应邀主持复旦大学金重远的博士生朱学勤的学位论文《道德理想国的覆灭》的答辩。

6 月,撰《与友人谈公意及其他书》(致李锐)。

8 月,《文心雕龙讲疏》由上海古籍出版社出版。此为《文心雕龙创作论》的增订本。

9 月,参加哈佛燕京学社举办的“文化中国:诠释与传播”国际研讨会。

12 月,撰《无梦楼随笔序》。

1993 年(73 岁)

5 月,在《文心雕龙》学会第四次年会上被选为名誉会长。

6 月,赴瑞典斯德哥尔摩参加“当代中国人心目中的国家、社会、个人”国际学术讨论会,会上宣读了提交会议的论文《社会契约的两种类型》,引起较大反响。

9 月,撰长篇论文《杜亚泉与东西文化问题论战》。

10 月,《清园夜读》由海天出版社出版。

1994 年(74 岁)

8 月,主编的《学术集林》卷一由上海远东出版社出版。王元化撰“编后记”,主张要多一些有思想的学术和有学术的思想。

10 月,《思辨随笔》由上海文艺出版社出版。

11 月,作《关于近年的反思答问》,对 20 世纪 90 年代的反思作了较为详细的论述。

12 月,《清园论学集》由上海古籍出版社出版。

1995 年(75 岁)

1 月,参加在加拿大温哥华举行的“文明冲突与文化中国”国际研讨会。与会的还有成中英、杜维明等学者。

1996 年(76 岁)

2 月,撰《纪念与超越》。此文首次提出要超越鲁迅而不是盲目尊崇,为反思“五四”的文章之一。

4 月,在南京大学参加“文化:中国对话中的差异与共存”国际学术研讨会。其间应邀向南大学生作题为“对五四的再认识再估价”的学术演讲,听众反响热烈。

1997 年(77 岁)

3 月,《清园夜读》增订本由中国社会科学出版社出版。

6 月,《读黑格尔》由百花洲文艺出版社出版。

12 月,《莎剧解读》由上海教育出版社出版,张可、王元化共同署名。

1998 年(78 岁)

1 月,《清园近思录》由中国社会科学出版社出版。

4 月,获第四届上海文学艺术“杰出贡献奖”。

5 月,撰《谈卢梭〈社会契约论〉》(致吴江),收入《九十年代反思录》,为王元化第三次反思的重要成果。

11 月,应台湾联合报系文化基金会邀请赴台做学术访问。

1999 年(79 岁)

1 月,接受李辉两度访谈。第二次主要谈对“五四”的反思。

11 月,由胡晓明撰写的《跨过的岁月——王元化画传》由上海文艺出版社出版。

2000 年(80 岁)

《学术界》第二期发表王元化《近思札记两篇》,文中对启蒙心态问题有更完整的表述。

12 月,《九十年代反思录》由上海古籍出版社出版。

2001 年(81 岁)

1 月,华东师范大学出版社出版《庆祝王元化教授八十岁论文集》。同月,《集外旧文钞》由上海文艺出版社出版。

6 月,《清园自述》由广西师范大学出版社出版。

7 月,《九十年代日记》由浙江人民出版社出版。

9 月,法国著名哲学家德里达访问上海,王元化应法国驻上海领事馆邀请,在馆内与德里达交流对话。

12 月,《清园文存》由江西教育出版社出版。

2002 年(82 岁)

4 月,被中国美术学院聘为荣誉教授,赴杭州在该院为部分研究生和教师讲授《文赋》等。

10 月,被查出患有前列腺癌。

2003 年(83 岁)

2 月,《文汇读书周报》通版刊登王元化《思辨录四则》。

4 月,由钱钢编选的《一切诚念终将相遇——解读王元化》由湖北教育出版社出版。

2004 年(84 岁)

4 月,《思辨录》由上海古籍出版社出版。

8 月,《清园近作集》由文汇出版社出版。同月,该社还出版了夏中义的著作《王元化襟怀解读》。

11 月,新版《文心雕龙讲疏》由广西师范大学出版社出版。

2006 年(86 岁)

1 月,《人物 · 书话 · 纪事》由人民文学出版社出版。

8 月 6 日,夫人张可在上海逝世,享年 87 岁。王元化作《送别张可》。

2007 年(87 岁)

各地部分出版社发起编辑《清园丛书》的倡议。由王元化修订自己的著作,择其要者单独出版。当年出版的有上海辞书出版社的《沉思与反思》、新星出版社的《读黑格尔》、上海书店出版社的《清园谈戏录》,计划中还有《读文心雕龙》《读莎士比亚》《人物志》等。

5 月,被查出胰腺癌扩散,住上海瑞金医院治疗。

10 月,湖北教育出版社出版《王元化集》十卷。

2008 年(88 岁)

5 月 9 日,在上海瑞金医院逝世。

参考文献

何典(王元化):《文艺漫谈》,通惠印书馆 1947 年版,见《民国丛书》第一辑,上海书店出版社 1985 年版。

方典(王元化):《向着真实》,新文艺出版社 1953 年第 3 版。

王元化:《向着真实》,上海文艺出版社 1982 年版。

王元化:《文心雕龙创作论》,上海古籍出版社 1979 年版。

王元化:《文心雕龙讲疏》,上海古籍出版社 1992 年版。

王元化:《文心雕龙讲疏》,广西师范大学出版社 2004 年版。

王元化:《王元化文学评论选》,湖南人民出版社 1983 年版。

王元化:《文学沉思录》,上海文艺出版社 1983 年版。

王元化:《脚踪》,福建人民出版社 1983 年版。

王元化:《文化发展八议》,湖南人民出版社 1988 年版。

王元化:《思辨短简》,上海古籍出版社 1989 年版。

王元化:《思辨随笔》,上海文艺出版社 1994 年版。

王元化:《思辨录》,上海古籍出版社 2004 年版。

王元化:《传统与反传统》,上海文艺出版社 1990 年版。

王元化:《清园论学集》,上海古籍出版社 1994 年版。

王元化:《清园夜读》,中国社会科学出版社 1997 年版。

王元化:《读黑格尔》,百花洲文艺出版社 1997 年版。

王元化:《清园近思录》,中国社会科学出版社 1998 年版。

王元化:《谈文短简》,辽宁教育出版社 1998 年版。

王元化:《九十年代反思录》,上海古籍出版社 2000 年版。

王元化:《集外旧文钞》,上海文艺出版社 2001 年版。

王元化:《清园自述》,广西师范大学出版社 2001 年版。

王元化:《九十年代日记》,浙江人民出版社 2001 年版。

王元化:《清园书简》,湖北教育出版社 2003 年版。

王元化:《清园近作集》,文汇出版社 2004 年版。

王元化:《人物·书话·纪事》,人民文学出版社 2006 年版。

王元化:《清园谈戏录》,上海书店出版社 2007 年版。

王元化:《王元化集》,湖北教育出版社 2007 年版。

吴琦幸:《王元化晚年谈话录》,上海人民出版社 2013 年版。

洛蚀文(王元化)编:《抗战文艺论集》,文缘出版社 1939 年版,上海书店 1986 年印行。

王元化编选:《日本研究〈文心雕龙〉论文集》,齐鲁书社 1983 年版。

[英]呤唎著,王维周译:《太平天国革命亲历记》,中华书局上海编辑所 1961 年版。

[德]歌德等著,王元化译:《文学风格论》,上海译文出版社 1982 年版。

[德]歌德等著,张可、元化(王元化)译:《读莎士比亚》,上海书店出版社 2008 年版。

周扬等:《关于马克思主义的几个理论问题的探讨——马克思逝世一百周年纪念论文选》,人民出版社 1988 年版。

满涛等编:《横眉小辑》,上海横眉社 1948 年版。

刘勰著，黄叔琳、李祥注，杨明照校注拾遗：《增订文心雕龙校注》，中华书局 2012 年版。

戚良德：《文心雕龙校注通译》，上海古籍出版社 2008 年版。

黄侃：《文心雕龙札记》，上海古籍出版社 2000 年版。

黄侃：《文心雕龙札记》，时代文艺出版社 2009 年版。

黄侃：《文心雕龙札记》，商务印书馆 2014 年版。

陆机、司空图：《文赋 · 二十四诗品》，译林出版社 2012 年版。

周伟民、萧华荣：《〈文赋〉〈诗品〉注译》，中州古籍出版社 1985 年版。

《鲁迅全集》，人民文学出版社 2005 年版。

[德]黑格尔著，贺麟译：《小逻辑》，生活 · 读书 · 新知三联书店 1954 年版。

[德]黑格尔著，贺麟译：《小逻辑》，商务印书馆 1980 年第 2 版。

[德]黑格尔著，梁志学译：《哲学全书 · 第一部分 · 逻辑学》，人民出版社 2002 年版。

[德]黑格尔著，朱光潜译：《美学》（第一卷），商务印书馆 1979 年第 2 版。

[法]卢梭著，何兆武译：《社会契约论》（修订第 3 版），商务印书馆 2003 年版。

梅志、张小风整理辑注：《胡风全集》，湖北人民出版社 1999 年版。

晓风主编：《我与胡风》（增补本），宁夏人民出版社 2003 年版。

[法] 米歇 · 傅柯著，王德威译：《知识的考掘》，台北麦田出版有限公司 1993 年版。

[法]米歇尔 · 福柯著，谢强、马月译：《知识考古学》，生活 · 读书 · 新知三联书店 1998 年版。

[美]加里·古廷著,王育平译:《福柯》,译林出版社2010年版。

[法]罗贝尔·埃斯卡皮著,于佩选编:《文学社会学》,浙江人民出版社1987年版。

[英]安妮·怀特海德著,李敏译:《创伤小说》,河南大学出版社2011年版。

张灏:《幽暗意识与民主传统》,四川教育出版社2013年版。

张灏:《梁启超与中国思想的过渡(1890—1907)》,江苏人民出版社2013年版。

汪民安、陈永国、张云鹏主编:《现代性基本读本》(上、下),河南大学出版社2005年版。

陈平原:《触摸历史与进入五四》,北京大学出版社2005年版。

陈平原:《假如没有"文学史"……》,生活·读书·新知三联书店2011年版。

葛兆光:《思想史研究课堂讲录:视野、角度与方法》,生活·读书·新知三联书店2005年版。

刘禾:《语际书写——现代思想史写作批判纲要》,上海三联书店1999年版。

王瑶主编:《中国文学研究现代化进程》,北京大学出版社1996年版。

胡晓明:《跨过的岁月——王元化画传》,上海文艺出版社1999年版。

钱钢编:《一切诚念终将相遇——解读王元化》,湖北教育出版社2003年版。

《庆祝王元化教授八十岁论文集》,华东师范大学出版社2001年版。

陆晓光主编:《清园先生王元化》,华东师范大学出版社2009年版。

邵东方、夏中义编:《王元化先生九十诞辰纪念文集》,上海文艺出版社

2011 年版。

夏中义:《王元化襟怀解读》,文汇出版社 2004 年版。

夏中义、刘锋杰:《从王瑶到王元化》,广西师范大学出版社 2005 年版。

夏中义:《学案·学统·学风》,上海文艺出版社 2011 年版。

罗银胜:《王元化和他的朋友们》,湖北人民出版社 2009 年版。

致　谢（代后记）

时间紧迫，不遑从容地写一篇后记。但对一些师友，必须首先在此表达我诚挚的感谢！

本书的选题和策划完全归功于王岳川教授。老师的建议被我变成了申请2012年8月至2013年7月赴美国哈佛大学费正清中国研究中心访学的课题。在帮助我达成访学愿望的过程中，哈佛大学东亚语言文明系的王德威教授不仅慨然应允担任我在美的指导联系教授，并且郑重地向费正清中国研究中心的审查委员会提交了一份精心撰写的正式推荐信。王教授的这一“背书”（endorsement）极具分量，可以说几乎确保了我的申请万无一失。而在此之前，我虽然已经久仰王教授的批评家文名，但与教授并不认识，只在他于2011年四五月间来北大主讲“鲁迅学术讲座”的席间，面呈过一本我已经出版的博士论文。其实，每年从世界各地申请到王教授名下访学进修的学者已经让他感觉不堪重负（overwhelming），后来我也亲眼目睹了王教授为接待和指导包括我在内的各路来访学者，耗费了个人大量的时间、精力甚至经费，但他仍然尽可能满足最多数量申请学人的愿望，每每把他名下的名额用到最大限度。这大概也是他能够身居哈佛东亚系这一海外中国研究的学术要津，并长期保持在学术引领地位的胸襟和气度使然吧。

及时发现学校的人文高级访学基金，并积极鼓励系里相关教师充分而妥善地加以利用的，是陈平原教授。陈教授和夏晓虹教授拥有广泛的国际学术联系，所以两位老师的鼎力帮助和推荐至为关键。温儒敏教授和康士林（Nicholas Koss）教授热心而慷慨地为我提供了另外两封不可或缺的推荐信。我的同事蒋晖教授和秦立彦教授无私地为我的申请提供了专业而出色的技术协助。

如果时间和篇幅允许，王元化第三次反思也是他人生中重要的一个事件和环节，但好在现在这样也已经可以独立成篇，因为它比较完整地回答了这样一个问题：即王元化是怎样炼成的？本书着重讨论了让王元化成为王元化的重要"三读"。而在展现这一过程中，另一个为许多人感兴趣的问题的答案也自然包蕴其中，这就是"王元化到底是不是胡风分子？"在对后一个问题的解答方面，或许笔者拥有一定的发言便利。

哈佛大学燕京图书馆和费正清中国研究中心的冯汉柱图书馆允许我较大量地复印和扫描与王元化研究相关的研究资料，尤其是冯汉柱图书馆的馆长南希（Nancy Hearst）女士，提供了很大帮助。馆内的资料大多都是她每年到中国亲自选购的，所以她对所有书刊都极为熟稔。上海《学术月刊》的张曦老师和华东师范大学的刘阳老师，应我的过分要求，不辞辛苦地为我查找、复印和邮寄王元化刊印于 1947 年的《文艺漫谈》一书，一并致谢！

此外，一直拖欠系里几位老师和同事的约稿，因为没有践约，所以请恕我由于抱歉和愧疚而不好意思指名道谢，但这一份信任和鼓励铭感于心。通过你们，我也深深地为自己能够处身于北京大学中文系感到自豪，为能与中国语言文学研究者之中最出色的一群同事共事而深感荣幸！

最后，再次感谢王岳川老师对我写作的不断督促和"不得不"耐心的等待！

感谢责任编辑张向奎老师、代立媛老师专业负责的辛勤工作！

王丽丽

2016 年 1 月